O que é Teologia?

INTRODUÇÃO À TEOLOGIA
COMO SABEDORIA

Silas Barbosa Dias, PhD.

Ad Verbum Books

Copyright © 2017 by Silas Barbosa Dias.

Todos os direitos reservados. Nenhuma parte desta publicação poderá ser reproduzida, distribuída ou transmitida sob qualquer forma ou por qualquer meio, incluindo fotocópia, gravação ou outros métodos eletrônicos ou mecânicos, sem a prévia autorização por escrito do editor, exceto no caso de breves referências incorporadas em revisões críticas e outros usos não comerciais permitidos pela lei de direitos autorais.

Silas Barbosa Dias/Ad Verbum Books

Swindon, Wiltshire

www.asasparaoreino.org; www.adverbumbooks.com

email: asasparaoreino@gmail.com

Book Layout ©2017 BookDesignTemplates.com

Editor: Kleber E. B. Dias

Transcrição: Elidiane A. Mattos

O que é Teologia? Introdução à Teologia como Sabedoria/ Silas Barbosa Dias. —1st ed.

ISBN 978- 1546421238

Índice

Prefácio 1
Estudar Teologia 5
O que é Teologia? 15
Por uma Teologia a Caminho 97
Bibliografia 105
Sobre o Autor 125

DEDICATÓRIA

Aos meus alunos e alunas, cujos anseios e dúvidas me motivaram por mais de três décadas, e ainda me motivam a prosseguir.

"Dentre todas as ciências a teologia é a mais bela, a que mais profundamente mexe no coração e na cabeça, a que mais se aproxima da realidade humana e que proporciona a mais clara visão da verdade procurada por todas as ciências."

—KARL BARTH

Prefácio

A TEOLOGIA TEM SIDO e é para mim uma inesgotável aventura para dentro dos mistérios de Deus e da vida. Tenho dedicado toda minha vida ao estudo da teologia, e hoje depois de quatro décadas, ela continua sendo para mim uma avenida fascinante, cheia de alegria e permanente expectativa.

Teologia é para mim uma paixão por Deus que na caminhada da vida foi sendo seduzida pela razão em busca de novos diálogos, tanto com as gerações que nos precederam quanto com a contemporânea. Me empolga pensar que maravilhas estão por vir, com novas e multiformes coreografias da sabedoria do coração de Deus.

Teologia tem uma estética, uma poética de palavras que geram uma dançante expectativa pelo *novum* do Reino de Deus que está a chegar. Teologia não está acabada, é perene, é caminho, é avanço, é caminhar pelas estradas da vida na presença do ressuscitado. É, por isso, que é um permanente arder de coração.

Este livro quer ser um começo de uma entrega. O começo de minha contribuição à Teologia Sistemática, desde um coração brasileiro, apaixonado pelas verdades da Sabedoria de Deus – Jesus Cristo – como preocupação última.

Estou convicto que a vida pede teologia. Estou certo que a inteligência da fé pede e celebra reflexões sobre o agir de Deus na história humana.

Creio e proclamo que diante de seus desafios sociais e existenciais, o ser humano pede por uma teologia como sabedoria, – pergunta pelo sentido da vida em meio ao caos social e econômico –, há um clamor no coração humano que pede por vida, pede por Deus.

A fé que os cristãos crêem e buscam entender o que se crê, tem em seu interior uma dinâmica de querer compreender as vertentes de sua fé – o personagem principal de seu amor.

O coração e a mente humana pedem pela teologia. A realidade da Igreja de hoje pede teologia com urgência. Sem teologia a fé se degrada em superficialismo e magia. Sem teologia a tradição viva da Igreja se enferruja e deteriora.

O que é Teologia?

A missão em sua urgência pede teologia. Sem teologia a *Missio Dei* não passa de simples slogan estéril.

No entanto, temos avenidas de esperança abertas num mundo complexo. Um grito sai do coração humano, um eco da criação geme pedindo libertação ao Criador. A criação pede a manifestação dos filhos de Deus – a teologia é uma das faces dessa manifestação aguardada.

Silas Barbosa Dias, PhD.
Páscoa, 2017.

CAPITULO 1

Estudar Teologia[1]

A TEOLOGIA É A MAIS bela de todas as ciências, porque afeta todas as áreas de nossa existência e também da eternidade. O que deve estar na mente de uma pessoa que quer estudar teologia, é que estudar teologia é entender a quem se ama, Deus. O primeiro material de estudo de um teólogo é a Palavra de Deus, ou seja, as Escrituras Sagradas.

É a partir das Escrituras que nos tornamos cientes de como Deus interveio na história de Israel num período de muita dificuldade. Da ciência vem a consciência das verdades teológicas que depois transportarmos para a nossa atuali-

---

[1] Transcrição por Elidiane A. Mattos da aula ministrada em 04/03/2013. Texto Revisado pelo Autor.

dade – teologizar é também contextualizar. A caminhada teológica exige um caminhar com as Escrituras e também escutar as contribuições e as vozes teológicas dos séculos que nos antecederam.

Para se ter uma melhor ideia do que estamos a dizer, basta lembrar da época do profeta Samuel – um tempo que comporta três crises – crise política, crise econômica e crise espiritual. Os livros de Juízes, Rute e Samuel estão entrelaçados pela ação de Deus em meio a essas crises. Hoje, semelhantemente, tais crises continuam presente em nossas cidades.

O livro de Juízes termina dizendo, *"não havia rei em Israel, cada uma fazia o que queria"*. Temos ali uma realidade política caótica. Crise de gestão e desgoverno.

No livro de Rute lemos que houve fome na terra, *"não havia pão em Belém"*. Uma crise econômica na terra – fome e carência.

Quanto ao terceiro aspecto, encontramos nos primeiros capítulos de Samuel a avassaladora crise espiritual. *"A Palavra de Deus era mui rara"*. Significa o silêncio inquietante de Deus – uma crise de espiritualidade. Nosso tempo também vive também estas três crises.

Naquele cenário não foram as crises propriamente ditas que são os centros do texto bíblico, mas a maneira gloriosa de como Deus interveio na história do seu povo. Os atos divinos deram a eles um novo começo. E na compreensão desses atos pode brotar em nós um teologizar comprometido. O Deus da Bíblia é um Deus que age na história humana, que redime e liberta e nos ensina pela Sua ação.

Para a crise espiritual de Israel, Deus levanta Samuel, um homem que escuta a voz Deus e a obedece.

O livro de Juízes termina dizendo que não há rei, mas Juízes é seguido pelo livro de Rute, onde através de Rute, o Senhor traz Davi. Rute é Deus trazendo um rei, e Samuel é Deus trazendo a Sua unção sobre o rei. Um rei no modelo de Deus, alguém que é capaz de articular a vontade de Deus para o Seu povo. A teologia acontece na compreensão dessa articulação da vontade de Deus para o seu povo.

A intervenção de Deus na história de Israel trouxe a restauração da espiritualidade, da economia e da política. Isso é fazer articulação teológica desde as Escrituras. Nosso mundo atual vive em crise. A humanidade tem tomado o caminho errado.

A ética está em cheque, a economia está quebrada. Onde está Samuel? Cadê Davi? Um bilhão de pessoas dormem com fome cada noite. Por não haver pão em Belém, as pessoas iam para Moabe. Onde está a solução hoje?

A crise é crescente e o clamor do coração humano está a gritar cada vez mais alto. Quando falta pão, as pessoas apavoradas saem em busca de qualquer coisa que as satisfaçam. Quando há crise política, a ideologia que parece responder às necessidades do cotidiano é abraçada e defendida cegamente. Não vejo problema de alguém buscar ajuda psicológica, mas vejo problema quando se busca cada vez menos os arautos de Deus.

Teologia tem a ver com o escutar Deus, mas também em escutar o clamor e gemido dos oprimidos do mundo. Há um desassossego no ar, há uma angústia existencial em desalento, mas Deus é um Deus que intervém com redenção. É interessante que Deus diz a Samuel que iria escolher um homem segundo o coração Dele, que ouviria o seu Espírito e a Sua Palavra. Deus procura um rei segundo o seu coração. E é maravilhoso que no final, em um certo momento, há um encontro entre o que Deus fez através de Samuel e Davi, porém a ação de Deus não começa com eles, mas através da história de Ana e de Rute.

Estas duas mulheres são excluídas socialmente. Uma era moabita, por isso não tinha uma boa história. Os moabitas são descendentes de Ló (povo amaldiçoado). Ana, por outro lado, é israelita, mas estéril. Sofrimento, vergonha e humilhação são sua história.

No entanto, Deus faz de Ana, que não tem história, que não tem futuro, que não tem herança, que não é alguém - faz com que ela seja. Deus chama quem não é, para ser, quem não pode para poder, quem não faz para fazer.

Deus chama também Rute, moabita, sem história, alguém também que não é para ser. Rute diz, *"o teu Deus será o meu Deus"*. Enquanto Ana diz *"o que o Senhor puser na minha vida eu te entrego"*. Duas entregas, um propósito - um dia a história destas mulheres vão se encontrar e estar entrelaçadas pela ação de Deus. Samuel filho de Ana tem a unção de Deus que será derramado sobre Davi, neto de Rute.

Muitas vezes as pessoas dizem sim para Deus, e esse sim, faz parte de um projeto maior, que ganhará sentido na vida de todos os envolvidos quando este se cumprir – é preciso paciência e perseverança.

Teologia então, é estudar a Escritura, primeiramente, e extrair dela lições para os dias atuais – Neste livro responderemos à questão: O que é Teologia?

O pensamento de muitas pessoas é que teologia é oposto à espiritualidade, mas este é um pensamento totalmente equivocado. Espiritualidade é o oxigênio da teologia. Sem espiritualidade a Teologia não terá eficácia, em outras palavras, não serve para nada. Por isso Deus capacitou Samuel com teologia e espiritualidade, da mesma maneira aconteceu com Paulo, Lutero, Agostinho, Tomás de Aquino e outros.

Para Boaventura, teólogo do Século XIII, o modo de estudar (a teologia) supõe quatro condições, que são: *a **ordem**, a **assiduidade**, a **complacência** e a **medida**.*

A primeira condição, ou seja, a ***ordem***, deve-se saber que existem quatro gêneros de escritos em teologia, o primeiro vem os livros das Sagradas Escrituras, o segundo, os livros dos textos antigos, isto é, dos Pais Apostólicos, depois as Sumas Teológicas dos grandes mestres, e, por fim, os escritos vários da comunidade humana, filósofos, sociólogos e psicólogos.

As Escrituras estão acima de qualquer outra fonte teológica, todas as demais fontes são passíveis de erro. Algumas tradições supervalorizam a tradição. Podemos fazer eco com teólogos da Igreja que já afirmaram que não importa quem seja, se estiver desobedecendo as Escrituras, não estará representando Deus, mas representando a Satanás. Esta assertiva está acima de qualquer teólogo ou teologia.

Há uma bela meditação de Boaventura sobre o capitulo segundo do Evangelho de João. Ao analisar o milagre da transformação de água em vinho, - Boaventura[2] diz:

Não imediatamente disse o Senhor "faça-se o vinho", mas quis que os servos enchessem as

---

[2] In Hexaemeron, III, VII, 3-19, in S. BONAVENTURAE, Collationes in Hexaemeron, ed. F. Delorme, Quaracchi, Florença, 1934, p. 214-219. Op.cit. C. Boff, Teoria do Método Teológico, Petropolis: Vozes, 2007. P. 235-236.

talhas de água "até às bordas". É necessário, portanto, que a talha, isto é, a capacidade da mente de quem está estudando teologia, seja cheia da água da compreensão literal, para que em seguida Deus a converta em compreensão espiritual. Primeiro tem que encher, para depois efetuar-se o milagre. Essa é a parte do teólogo, encher a talha.

Ainda nas palavras de Boaventura,

É perigoso descer (da Escritura) para os Antigos Pais Apostólicos, e mais perigoso ainda descer para as Sumas dos Doutores, e maximamente perigoso descer até à Filosofia (...). Pois não se deve misturar a água do saber filosófico ao vinho da Sagrada Escritura em tanta quantidade que o vinho se mude em água. Isso é um mau milagre. Faz-se assim, o contrário da Igreja primitiva, quando os clérigos recentemente convertidos (At 19,19), como Dionísio, deixavam os livros de Filósofos e tomavam os livros da Sagrada Escritura. Mas nos dias de hoje faz-se a transformação do vinho em água, e do pão em pedra, ao contrário dos milagres de Cristo (Jo 2.7; Lc 11.11; Mt 4.3).

Usando essa metáfora do transformar vinho em água, pão em pedra, quis com isso dizer que acontece muitas vezes com pregadores que ao invés de dar o pão, entregam pedra e os ouvintes não conseguem alimentar-se. Isso acontece porque o "teólogo" não estudou o texto sagrado como deveria.

Na mesma linha de pensamento, de que començando e aprofundando nas Escrituras, nos pais apostólicos e no pensamento cristão ao longo dos séculos, e, somente depois dialogar com a filosofia e as ciências humanas, encontramos esta reflexão de Karl Barth, teólogo reformado do Século XX, que ao ser perguntado: Filosofia ajuda? Respondeu – que podemos lançar mão da filosofia do mesmo modo que os médicos usam o bisturi, primeiro esteriliza bem.

Assiduidade é a segunda condição, levantada por Boaventura no estudo teológico.

Bernardo de Claraval, do século XII, já disse que "a leitura dispersiva é um obstáculo muito grande: é como alguém que planta aqui e ali (...)", a Escritura, numa primeira abordagem, parece rude e obscura, mas torna-se familiar pela frequentação assídua e só é possuída plenamente através do exercício contínuo. É preciso uma leitura séria da Bíblia, esse é um método teológico.

Quanto à terceira condição, a **complacência**, é de se notar que, em relação aos corpos, um alimento difícil não é bem assimilado senão por algum prazer provindo da mastigação e do sabor.

Assim acontece com a Escritura, primeiro é preciso consumá-la, depois mastigá-la pela repetição e então assimilá-la, para tornar-se alimento da alma, regra de vida e água da sabedoria salutar.

Portanto, deve-se ruminar continuamente as doces palavras das Escrituras, em função do sabor que se tem, através da aplicação veemente do espírito. Portanto, não se devem preferir os abraços da serva aos amplexos da senhora, as bolotas dos porcos ao pão dos filhos.

Quanto à quarta condição, a **medida**, o estudante precisa ter muito cuidado em "não saber mais do que convém" (Rm 12.3) mas quanto seja suficiente, em razão do tempo em que vive, de sua condição e dos costumes correntes. Nem se deve castigar o corpo em demasia. Por isso se diz, "achaste mel? Come apenas o suficiente" (Pr 25.16).

Com assertividade afirmemos, teologia é um chamado para quem é apaixonado por Deus, pois estudar teologia é entender a quem se ama, e amar com totalidade de vida, força, entendimento. Não se pode ser um teólogo com meio coração e uma mente dividida. Vida eterna é conhecer a Deus.

Estudar teologia é levar em conta um viver pessoal, sendo sincero diante de Deus, sem medo de ter dúvidas, pois uma dúvida honesta está mais perto da verdade do que uma fé superficial e desonesta.

Dessa forma, teologia é uma caminhada com Deus e em Deus que deve ser estudada com oração, humildade e regozijo.

A teologia é a inteligência da fé, pois é preciso crer para compreender, porque se não crer, não há quem possa compreender. É fé com os olhos abertos. Se fala de Deus e com Deus, em Sua presença e para Sua glória.

Teologia é lógica e paixão. Quando a paixão por Deus seduz a razão, nasce a teologia.

CAPÍTULO 2

O que é Teologia?

A TEOLOGIA ESTÁ LIGADA ao tempo e ao espaço, à história e à geografia. Ela tem a ver com o passado em seus contextos e com o presente em novos contextos. Teologia é um fazer pontes entre dois momentos – entre dois mundos. Um fazer teológico fora de contexto é alienação. O início de toda e qualquer investigação teológica requer um mínimo de análise contextual.

A teologia encontra-se de modo permanente numa encruzilhada de dois tempos, a fonte original da fé em sua tradição e o contexto social, geográfico e cultural a que se aplica. De acordo com Batista Libânio e Afonso Murad, a teologia clássica está ciente dos *loci theologici*, ou seja, os lugares teológicos, os quais funcionam como pontos de vista e critérios críticos na epistemologia teológica e na metodologia a ser usada.

As fontes desta teologia clássica limitam-se às fontes que se impõe como autoridades: as Escrituras, os Pais Apostólicos, os concílios, os dogmas fundamentais da Tradição apostólica e os teólogos ao longo da história do pensamento cristão.[3]

Libânio e Murad referem-se ao fato de que a modernidade nos ensinou a procurar o *locus theologicus* na experiência humana como um lugar de significado. Eles afirmam: *"Onde quer que se encontre a história, a vida, a aventura e as relações humanas, e suas ambiguidades, ali se torna o lugar teológico de uma teologia nova e diversificada"*.[4]

Nos tempos atuais, a vida humana encontrou uma posição privilegiada na discussão teológica. As questões mundanas da vida tornam-se lugares onde o teólogo descobre os atos de Deus e, portanto, a possibilidade de teologizar na comunidade dos fiéis e na sociedade em geral.

No uso da tradição clássica em seus espaços, ou *locis theologicus*, com uma sensibilidade atual diante da existência humana, a investigação teológica pode ser enriquecida grandemente, com criatividade e trabalhar por um mundo mais humano para a glória de Deus.

Os teólogos têm uma missão em reunir seus irmãos e irmãs em torno de uma busca comum

---

[3] J.B. Libânio e Afonso Murad, Introdução à Teologia, perfil, enfoques, tarefas, São Paulo: Loyola, 1998, 34.
[4] J.B. Libânio e Afonso Murad, Introdução, 35.

de respostas para seus problemas contemporâneos. Os seres humanos garimpam na Palavra de Deus respostas à vida, afim de encontrar iluminação para sua caminhada de fé. Essa reunião se torna um terreno comum onde dores e dúvidas vem à tona. É neste momento que o teólogo pode orientar e auxiliar a encontrar as respostas às grandes questões da existência.

O teólogo sempre desempenha seu papel dentro de um contexto. Ao fazê-lo, devemos perguntar o que é teologia e que a teologia deve ser. Existem muitas definições de teologia e muitas maneiras de fazê-lo. É impossível responder à pergunta sobre o que a teologia deve ser sem levar em conta o contexto.

Se falamos de fazer teologia, fazemos aqui na perspectiva do treinamento acadêmico dos alunos, sem esquecer que esse treinamento deve atingir a vida da igreja. Assim, a questão é: o que deve ser a teologia?

Como dissemos, primeiramente, a teologia deve ser contextualizada e, posteriormente, é necessário compreender suas funções que resultam dessas reflexões sobre o caráter da teologia.

Em seu sentido mais profundo, a teologia é uma maneira de falar sobre Deus, em Sua presença e para Sua glória. É uma reflexão que parte da comunidade de fé em relação à realidade da vida.

Trata-se de uma reflexão sobre a experiência original e presente da fé, em renovação permanente; tem a ver com sua origem no propósito divino, sua missão no mundo e seu destino de esperança no Reino prometido.

Estudos religiosos

Em muitas universidades, a teologia é praticada e estudada dentro do setor conhecido como ciências da religião. O foco está nas crenças e práticas religiosas das pessoas. A teologia deste tipo tem o objetivo de ser meramente descritiva.

Os pesquisadores devem deixar de lado qualquer aspecto normativo de suas investigações e treinamento. A questão é apenas como descrever o que as pessoas fazem e pensam em relação à religião.

Nos estudos quanto à fé cristã, esta tarefa implicará em que as fontes da tradição são investigadas como documentos do passado: o que as pessoas em Israel acreditam? Quais foram as práticas das primeiras comunidades cristãs? Como foram desenvolvidas as doutrinas entre os Pais apostólicos? E os grandes concílios em suas conclusões, e dogmas que sustentaram pilares da Igreja?

A questão sobre o saber se essas crenças e práticas são corretas ou não são deixadas de lado e não serão respondidas. Se estas questões são ou não relevantes para hoje também é excluído. O pesquisador está interessado na religião em termos de passado.

Outros estudos religiosos também podem lidar com a religião presente. Faz isso da mesma forma descritiva: quais são as crenças e práticas das pessoas religiosas? Quais são suas intenções e sentimentos pessoais? O que a religião implica para a construção de comunidades ou para o comportamento moral?

Mas novamente: qualquer julgamento sobre essas intenções ou comportamento não é relevante para a pesquisa.

Estudiosos podem ter suas opiniões pessoais e convicções, mas estes não devem interferir com o seu trabalho acadêmico. Um dos principais propósitos da formação acadêmica é ensinar estudar para excluir precisamente sua opinião pessoal e apenas descrever o que está acontecendo.

Tal tipo de estudo de teologia poderia ser muito interessante no contexto atual e contemporâneo. Entender o que está acontecendo, por que as pessoas acreditam no que acreditam, onde as práticas são originárias, seria muito interessante. Mais ainda: é necessário entender o contexto em que a teologia é praticada, as crenças, os rituais, os comandos morais, etc.

Entender estes aspectos das ciências da religião são tão relevantes quanto as estatísticas sobre pobreza e a mortalidade num dado contexto. Assim, a teologia como estudo das ciências religiosas é uma opção que faz parte do fazer teologia, e é sem dúvida uma opção necessária.

A comunidade da fé

Por mais relevantes que sejam os estudos religiosos para a teologia acadêmica, eles não podem ser suficientes em si mesmos.

A maioria dos alunos não está inscrita por pura curiosidade em relação às crenças religiosas e práticas de pessoas e comunidades. Eles entram na universidade para serem treinados como ministros da igreja. Eles trabalharão dentro da comunidade dos crentes e não observá-los-ão de fora. Os alunos não apenas fazem parte dessa comunidade de fé, mas estão inseridos em suas vertentes constitutivas. Assim, espera-se que deem orientação a essas comunidades. Eles serão as pessoas que darão instruções para a vida e fé.

Para um aluno de teologia, ser normativo pertence ao núcleo de seu trabalho futuro. Portanto, não só devem ser treinados para adiar sua opinião pessoal, mas sim para desenvolver *insights* normativos e uma atitude de como chegar a essas ideias normativas.

O que é Teologia?

No contexto contemporâneo, a educação teológica não pode prescindir de um treinamento normativo, para que os ex-alunos das instituições acadêmicas sejam capacitados para informar as pessoas como crer e agir, e liderar a comunidade onde trabalham na direção certa. Isso também terá consequências para a pesquisa teológica. Não é suficiente investigar o que as pessoas acreditam e como agem. A universidade é desafiada não apenas a treinar os líderes das comunidades religiosas, mas também a desenvolver criticamente uma teologia que sustente seu trabalho como liderança normativa.

Uma faculdade de teologia que treina futuros ministros tem que refletir de maneira acadêmica sobre questões como: Quais são as crenças certas? O que deve ser feito? Que rituais são bons? Assim, tão necessária quanto são os estudos sobre religião, a teologia não pode prescindir de um discurso normativo e assim produzir a teologia como tal.

A teologia é um falar sobre Deus

Se queremos desenvolver um discurso normativo, a questão é: onde encontramos as normas? Num contexto cristão, a resposta mais simples é: Deus é a norma.

A vontade de Deus, os mandamentos de Deus, a mensagem de Deus e a atuação de Deus definem como as pessoas devem viver. São os padrões para um discurso teológico viável. Portanto, a teologia é teologia em um sentido próprio de fato: falando de Deus, como teólogos. Toda teologia fala sobre Deus.[5]

A palavra teologia é derivada do grego e significa "Discurso sobre Deus". A etimologia do termo teologia (*Theo* = Deus, *logos* = discurso, portanto discurso sobre Deus) é uma conexão entre "Deus" e "linguagem". Significa que uma linguagem de Deus é possível. Deus é o sujeito no modo da Palavra como a base para as muitas maneiras pelas quais a teologia é feita.[6]

Tão óbvia como esta resposta é, que Deus é o poder evocativo para fazer teologia, evoca muitas perguntas. Se a teologia é desenvolvida em favor da comunidade cristã e nela encaixada, a ação e a Palavra de Deus são pressupostas.

A revelação de Deus é a própria pressuposição da igreja e assim axiomática para seu discurso teológico. Como tal, a questão da possibilidade de conversar sobre Deus pode ser interessante, no entanto, não é a questão mais relevante para a educação teológica e a sua busca.

---

[5] J. Macquarrie, New Directions in Theology Today, Philadelphia: Westminster Press, 1952, 13.
[6] E. Vilanova, "Teologia" in: C. F. Samanes & J. T. Acosta (eds.), Dicionário de Conceitos Fundamentais do Cristianismo, São Paulo: Paulus, 1999, 793.

Mas algo precisa ser clarificado aqui, teologia não apenas é um falar sobre Deus, mas sobretudo, um falar com Deus. A teologia é um falar sobre Deus. Mas o que isso significa? Não temos acesso direto ao céu. Falar sobre Deus é um desafio quase insuperável. Isso faz com que a real rejeição teológica acabe acontecendo volta e meia.

A grandeza e a responsabilidade do fazer, faz com que o teologar seja um labor com uma atitude humilde, pois é uma tarefa que vai além de nossa capacidade e inteligência. Agostinho afirmou que a teologia *"significa razão ou o falar sobre a divindade"*.[7]

John Macquarrie, em seu livro *"God Talk"*[8], enfatiza que a teologia é uma forma estranha de linguagem que difere fortemente de outros tipos de discurso em geral. Não é apenas estranho, mas também é uma luta, devido às suas limitações de utilizar símbolos linguísticos.

A pergunta principal diz respeito em como se pode falar de Deus. O que Macquarrie pretende é desafiar-nos a uma nova linguagem teológica. Embora o tempo da "teologia da morte de Deus" tenha passado, deixou claro a questão de falar so-

---

[7] Augustine, City of God, VIII, 1. http://www.logoslibrary.org/augustine/city/0801.html. Accessed on December 12, 2008.
[8] J. Macquarrie, God-Talk: El análisis del linguaje y la lógica de la teología, Salamanca: Sígueme, 1976.

bre Deus dentro dos contextos da vida e uma linguagem pertinente para o tempo atual, sempre será urgente e necessária.

Macquarrie cita Paul von Buren, dizendo: *"A questão agora é que a palavra 'Deus' está morta, diferindo dos gritos dolorosos de Nietzsche que proclamaram a necessidade da morte de Deus"*[9]. Mas se a teologia da morte de Deus não nos tivesse alertado ao fato de que uma parte da linguagem teológica estava realmente morta, não significando nada para os ouvidos contemporâneos, deveríamos apreciar tal situação com gratidão, pois ainda existe a possibilidade de falar sobre Deus de novas maneiras, em novos contextos.

Falar de Deus não é abordar Deus como ideia, e a essa tentativa, Karl Barth reagiu, anunciando o postulado de que Deus é o totalmente outro, ou seja, não o Deus fruto da racionalidade humana.

Esta possibilidade do discurso teológico não é dada por especulações abstratas sobre um ser divino. Só podemos investigar a presença de Deus em e através de Sua revelação. Deus comunica suas ações e palavras. Deus fala, conhece, elege, chama, entra na realidade humana, age, salva, cura, tem compaixão e ama. Deus se expressa em categorias da compreensão humana.

---

[9] P. Van Buren, The Secular Meaning of the Gospel, New York: Macmillan, 1963.

O que é Teologia?

O ser humano é invocado para refletir sobre esta revelação dada ao longo da história, e especialmente na história de Israel, conclusivamente na resplandecente luz de Jesus Cristo – comunicação plena da Revelação. Isso implica que a teologia é o estudo da Palavra como testemunho e presença de sua revelação. Uma sólida teologia cristã baseia-se no estudo das Escrituras. Estes são os textos canônicos que a comunidade cristã considera como as bases normativas para a pesquisa teológica e para a vida e fé da igreja.

O treinamento teológico educa os alunos a pensar como o cânon é normativo, e o é como Palavra de Deus. Eles devem aprender que eles não podem simplesmente tomar qualquer ditado da Bíblia e usá-lo para sua própria situação, mas devem fazer isso como ação hermenêutica. Todo o processo hermenêutico deve ser integrado em sua consciência teológica como algo determinante e necessário.

A contextualidade é uma questão-chave, precisamente em um discurso normativo. Tanto a escrita da Bíblia quanto os escritos cristãos atuais têm seu contexto. O entendimento implica entender ambos. Teologar é ouvir dois momentos e fazer a ponte. É também ouvir o Espírito de Deus e o contexto do mundo.

Os Pais Apostólicos, nos primeiros séculos, disseram que a teologia tem duas perspectivas, uma para frente e outra para trás (*ante et retro oculata*).[10] Olhando para trás, ela vê o passado de onde a reveladora, salvífica e restauradora presença de Deus na história terrena concreta e historicamente começou. Olha para os textos bíblicos e para os grandes textos dos conselhos da igreja, que também foram escritos em uma situação histórica. Olhando para o futuro, a teologia percebe o presente, detectando os desafios da realidade sociocultural, onde articula a fé fielmente aos propósitos de Deus, ampliando caminhos de esperança. Nesta caminhada sabe que seu destino está na pátria Trinitária – é *teologia viatorum*.

Teologia em seu sentido próprio é sobre Deus. Trata-se do Deus que se revela. Mais precisamente porque se trata de sua revelação na história, a teologia não pode ser construída com uma simples citação de um único verso como se fosse um artigo de uma lei. A tarefa teológica é uma busca permanente para conectar o significado do texto bíblico a uma situação concreta que está presentemente viva nas comunidades cristãs em sua caminhada e testemunho na história.

Devemos estar cientes de que o significado, a adequação e a sociedade são dinâmicos, de modo que a interpretação é uma busca permanente, "submetida à dinâmica - pergunta e resposta."[11]

---

[10] L. Boff, Fé na Periferia do Mundo, Petrópolis: Vozes, 1979, 4.
[11] Lluis Duch. "Hermenêutica" in: J.-J.T. Floristán and C. Acosta (eds.), Dicionário de Conceitos Fundamentais, São Paulo: Paulus, 1999, 328.

A hermenêutica é, portanto, um conceito-chave para a teologia. É bom lembrar a declaração do teólogo católico Claude Gefré: "A teologia do começo ao fim é hermenêutica."[12]

A hermenêutica também pode ser puramente descritiva como disciplina científica que analisa o que as pessoas fazem quando leem um texto. A hermenêutica não deve ser usada para relativizar tudo, tornando o contexto absolutamente normativo. A hermenêutica é necessária, precisamente para distinguir o que é verdadeiro e para o que deve ser ouvido e feito.

Paul Tillich formula a hermenêutica numa perspectiva ligeiramente diferente: não com referência à história, e, portanto, ao passado, ao presente e ao futuro, mas à transcendência e à imanência. De acordo com ele, a teologia se move entre dois pólos, a verdade eterna de seus fundamentos e a situação temporal em que a verdade eterna deve ser recebida.[13]

Esses diversos aspectos da hermenêutica tornam ainda mais claro que a educação dos alunos para se capacitarem em hermenêutica é uma maneira longa e exigente tarefa, a teologia não pode jamais prescindir dela. A pesquisa teológica como uma permanente tarefa hermenêutica nas instituições acadêmicas é um chamado de apoio

---

[12] C. Geffré, The Risk of Interpretation, New York: Paulist Press, 1987, 6.
[13] Tillich, Teologia Sistemática, 22.

tanto durante sua educação quanto durante o seu ministério.

A situação da teologia em sua tarefa é altamente complexa, no sentido de que tudo está ligado com tudo. A teologia está embutida na igreja em como ensinar sobre Deus e isso caracteriza sua permanente tarefa. Ressoando as declarações de Emil Brunner, o qual afirma que a própria teologia é uma função de ensino da Igreja.[14] Não é meramente uma disciplina acadêmica – é um projeto de sabedoria – *eruditio e pietas*, erudição e piedade.

Os teólogos integram a realidade acadêmica e a realidade da espiritualidade eclesial e em suas motivações, emoções e experiências existenciais. Eles executam a prática da teologia do Antigo Testamento desde a tradição sapiencial, por vezes encontrado na teologia como uma declaração de sabedoria empírica.

A teologia é desafiada a pensar em todos os aspectos da vida na perspectiva da relação com Deus, e, isto é feito desde em como a igreja expressa em sua fé. Karl Barth afirmou que a teologia só pode ser resumida como um ato de fé, e por isso, é impossível pensar em teologia longe de um relacionamento íntimo com Deus.[15]

---

[14] Emil Brunner, Dogmática, vol. I, 15.
[15] E. Araya, Introducción a La Teología Sistemática, Santiago: CTEC, 1983, 7.

O que é Teologia?

Estou de acordo com Helmut Thielicke: "o pensamento teológico só pode respirar numa atmosfera de diálogo com Deus."[16] E conclui – "Qualquer pessoa que deixe de ser espiritual, automaticamente estará desenvolvendo uma teologia falsa, mesmo se seu pensamento for puro, ortodoxo e afinado com sua tradição confessional. Neste caso, há morte na panela."[17]

Sendo *logos tou theou* (palavra de Deus) e tendo como seu centro o próprio Deus, a teologia nunca pode ser uma ciência neutra. É necessariamente uma ciência prática, circulando em torno de seu centro, Deus. É impossível conhecer a Deus, sem ter entrado nesta órbita pelo poder de atração do próprio Deus. Sem esta condição prévia, Deus seria degradado a um simples objeto de estudo. Na verdade, Ele se faz objeto da teologia, mesmo sendo seu centro gerador – Ele é o sujeito e o objeto da teologia. A teologia não é só um falar sobre Deus, mas antes de tudo, é um falar com Deus.

Uma teologia que não seja nem doxologia nem uma *scientia eminens practica* (uma eminente ciência prática) ou nem mesmo teologia *regenitorum* (regeneração), já não merece ser chamada de teologia. Não passa de mera ciência

---

[16] H. Thielicke, *Recomendações aos jovens teólogos*, Sinodal: São Leopoldo, 1990. 58.
[17] Thielicke, Recomendações, 61.

da religião.[18] Portanto, não apenas um estar falando de Deus, mas um falar constante em relação a Deus e com Ele. Neste ato de contemplar e fazer teologia, os teólogos não podem situar-se em uma investigação objetiva do sujeito, como necessariamente acontece com outras implicações do conhecimento humano – sabedoria é relacionamento, é vivência, é intimidade com o Pai, nossa pátria, nosso endereço, nossa morada e lugar espaçoso.

Reafirmemos, a teologia é, acima de tudo, uma relação com Deus e a vida atual – é fé e contexto. É impossível ser separado de um relacionamento com Deus e emitir declarações gerais que sejam verdadeiras, sem considerar a situação existencial e a prática concreta e histórica dentro dos contextos sociais, a partir do contexto daquele que fala.

Paul Tillich deu uma contribuição metodológica relevante quando afirmou que os teólogos se movem em um círculo teológico. Isso significa que eles afirmam qual é a sua base e fundamento, e dentro do círculo, eles tomam decisões existenciais. E por estar numa situação de fé, todo teólogo está comprometido e alienado ao mesmo tempo; enfrentando, ao mesmo tempo, a fé e a dúvida; eles estão dentro e fora do círculo teológico numa circularidade dialógica.

---

[18] Araya, Introducción, 8.

Consideremos aqui essa abordagem: uma pessoa poderá ser um teólogo, na medida em que ele aceite o conteúdo do círculo teológico como sua preocupação suprema. *"O objeto da teologia é aquilo que nos preocupa de forma última. Só são teológicas aquelas proposições que tratam de seu objeto na medida em que ele pode se tornar questão de preocupação última."*[19] Ou para entendermos melhor, de maneira suprema.

No entanto, a parte científica da teologia não deve ser sacrificada em favor da existencial, como o pietismo fez e continua fazendo, tendência que também estava presente na primeira teologia de Barth, à qual Harnack reagiu e advertiu sobre o perigo de um "entusiasmo descontrolado" e um "ocultismo gnóstico."[20] Tal teologia poderia enfrentar o mesmo erro que uma teologia que pretende ser apenas científica, sem qualquer relação existencial com a realidade contextual, sem perspectiva pastoral prática.

Fé e ciência não são mutuamente exclusivas. A fé não proíbe a crítica, mas a fé a desafia a avançar criticamente e criativamente. A igreja confessa que o mundo pertence a Jesus, o mundo é importante em todos os seus aspectos. E como o mundo já não pertence a si mesmo, mas pertence àquele que chamou os seres humanos em sua graça infinita e amorosa (I Cor. 3: 21-23), é

---

[19] Tillich, Teologia Sistemática, 30.
[20] Araya, Introducción, 9.

campo necessário à reflexão teológica e ao chamado à *missio Dei*. Os cristãos devem olhar para o mundo criticamente (I Coríntios 7: 29ss) e criativamente porque pertence a Ele que sempre renova todas as coisas.

A teologia cristã é um falar sobre Deus em Cristo

Deus é conhecido através da revelação como expressa na história de Israel e, sobretudo, através da manifestação de Jesus Cristo. Se teologia significa fundamentalmente falar sobre Deus, a teologia cristã é o discurso cristão sobre Deus.

Para a fé cristã, Jesus de Nazaré é o Mediador deste discurso. Seu caráter, sua pregação sobre Deus e seu Reino, sua missão, morte, ressurreição e glorificação, são o próprio coração do cristianismo e, portanto, da teologia cristã.

Do princípio ao fim, Deus em Jesus Cristo é o tema principal da teologia cristã.[21] "O que exatamente isso significa?", pergunta Macquarrie.[22] A teologia cristã confessou desde o princípio que Deus nos encontra em Jesus Cristo, de tal maneira que vemos em Jesus quem Deus realmente é – e também quem somos.

---

[21] G. Gutierrez, La Verdad os Hará Libres, Lima: IBC-CEP, 1986, 15.
[22] Macquarrie, God-Talk, 11.

As Escrituras afirmam que Deus estava em Cristo reconciliando a Palavra para Ele. Todos os cristãos dizem, de uma forma ou de outra, que Jesus é a revelação de Deus.[23] Falar de Deus é falar sobre Jesus Cristo, "a fé cristã é ou sucumbe por ela."[24] Hans Waldenfels declarou:

"Se quisermos resumir em uma frase o peculiar na teologia cristã atual podemos formulá-la assim: Deus se revelou a nós em Jesus Cristo."[25]

Ele consiste em um princípio fundamental que centraliza a teologia cristã, de acordo com Abraham van de Beek[26]:

A cristologia é o próprio coração da teologia. Cristo, como o Encarnado, está presente na vida concreta.

Como Van de Beek enfatizou, Cristo realmente participou da história humana. Ele estava presente de forma material e corporal, emocional e espiritual, tanto como os seres humanos o podem ser. Deus não é uma idéia abstrata, mas está envolvido na verdadeira história humana. Um foco na cristologia mantém a teologia para a terra.

---

[23] A. van de Beek, Jesus Kyrios: Christology as Heart of Theology, Zoetermeer: UitgeverijMeinema, 2002, 13.

[24] Van de Beek, Jesus Kyrios, 13.

[25] H. Waldenfells, Teología Fundamental Contextual (transl. from Kontextuelle Fundamentaltheologie), Salamanca: Sígueme, 1988, 30.

[26] A. van de Beek, Jesus Kyrios: Christology as Heart of Theology, Zoetermeer: UitgeverijMeinema, 2002

Os atos libertadores de Deus para os seres humanos

A revelação de Deus em Cristo não é apenas um desmembramento epistemológico, é a libertação de Deus vindo ao mundo. A doutrina da encarnação é que o Deus transcendente se esvaziou e se entregou aos seres humanos no próprio contexto humano. *"Deus, que é logos, é Deus relação, Deus que se faz humano nos seres humanos, naquilo que é a característica humana por excelência, o amor"*.[27]

Devemos estar conscientes de que a mensagem do Deus vivo, que se revelou em Jesus Cristo, não é ser proclamada em um vácuo ou abstração histórica. É uma mensagem, e por isso deve ser entregue, transmitida e vivida num contexto social. Pois ela é dada aos seres humanos e se refere a situações de vida concretas.

Afirmamos que a teologia é desenvolvida em nome da comunidade da fé. Em seu significado próprio como um discurso sobre Deus, ouvindo a mensagem do Evangelho, ela também é desenvolvida dentro da comunidade da fé. A teologia serve a vida desta comunidade, que vive da vinda libertadora de Deus em Cristo. A teologia tem

---

[27] J. Maraschin, Tendências da Teologia no Brasil, São Paulo: ASTE, 1977, 142.

um endereço. O *locus theologicus* (lugar teológico) é a comunidade da fé. Esse é seu lugar apropriado, sua casa e morada.

A teologia é reflexão dentro desta comunidade, e, portanto, mesmo se praticada como um projeto individual, não é individualista. Mascall disse que

> *"um teólogo cristão, não menos que um místico cristão ou um cristão comum, é um membro do corpo de Cristo e sua pesquisa teológica é a atividade que ocorre dentro deste corpo místico".*[28]

A vida comum do teólogo não é a vida de qualquer pessoa comum. É a vida de um ser humano inserida no corpo de Cristo.

Teólogos refletem sobre a forma como a igreja é o corpo de Cristo, e por ser reflexão crítica é como ela deve ser e como deve ser ensinada, como um agir de acordo com Aquele que deu seu corpo a favor dos outros – a Igreja é uma dádiva de Cristo para o mundo. A participação neste corpo permite ao teólogo falar teologicamente: na perspectiva de Cristo que amou tanto o mundo que deu a vida por ele.

A teologia é um serviço à igreja para que ela mesma possa viver essa mesma identidade como

---

[28] E. Mascall, Christ, the Christian and the Church: A Study of the Incarnation and its Consequences, London: Longmans, 1963, 228.

o corpo de Cristo. Segundo Emil Brunner, a teologia é pensada como um serviço de fé. Sobretudo, a teologia é uma função da Igreja.[29] *"Essencialmente, a dogmática afirma ser um estudo acadêmico controlado pela Igreja".*[30] Ao falamos da comunidade da fé, não estaremos falando apenas sobre a igreja atual. O corpo de Cristo é a comunidade de todos os lugares e de todos os tempos.

A reflexão teológica, que se realiza dentro da comunidade da fé, insere-se, por isso, no movimento histórico desta comunidade. Volta à sua Tradição teológica do passado e relaciona-se com outros resultados do diálogo teológico e cultural.

Note que estamos a falar de Tradição com T maiúsculo, e não apenas de tradições – fazer essa distinção é necessária, para evitar equívocos. Procura-se uma concordância com os teólogos do passado e do presente, conscientes de que todos devem ser vistos como membros da mesma comunidade de Cristo. Ela também entra em uma discussão dialógica e crítica com os teólogos do passado, afim de ver se seus projetos teológicos contribuem para a expressão do amor de Cristo a cada nova geração. Ela questiona que certas convicções passadas e definições estabelecidas

---

[29] E. Brunner, Dogmatics: The Christian Doctrine of God, vol. 1, Philadelphia: Westminster, 1950, 3.
[30] Brunner, Dogmatics, vol. 1, 5.

devem ser repensadas e traduzidas de forma libertadora para a própria condição da vida da Igreja e para o mundo de hoje. Neste caso, o teólogo toma sua preocupação dos pensadores passados, fundindo seu pensamento com as experiências novas em que vivem.

A verdadeira atitude teológica se acalenta do contexto, da história do pensamento teológico e dos pensamentos teológicos em outros contextos que a cada dia celebravam com ousadia e alegria a vinda de Deus em Jesus Cristo.

A comunidade de fé é essencialmente a base onde a teologia opera e é o ambiente no qual pessoas de tempos e situações diferentes buscaram e buscam refletir sobre suas próprias experiências relacionadas com o mundo para o qual Deus veio em sua revelação libertadora em Jesus Cristo.

Assim, entendemos que os teólogos contemporâneos refletem sobre os mesmos conteúdos e buscam dentro da mesma tradição o alimento espiritual que tanto eles quanto as pessoas que os ouvem, necessitam.

O teólogo principiante, mesmo tendo uma grande imaginação e capacidade criativa, precisa constantemente retornar aos grandes clássicos da teologia e integrar-se à comunidade teológica, e também, desenvolver o potencial da verdadeira obra teológica.

A teologia, como função da igreja cristã, deve servir às necessidades desta igreja. Um sistema teológico deve satisfazer duas necessidades básicas: a afirmação eterna da verdade da mensagem cristã e a interpretação desta verdade para cada nova geração.

A teologia oscila entre dois polos: a verdade eterna de seu fundamento e a situação temporal em que esta verdade eterna deve ser recebida".[31]

A comunidade cristã não é um fim em si mesma. É direcionado ao mundo, participando do próprio movimento de Deus para o mundo. Isso molda a tarefa da teologia. A tarefa teológica dentro de um dado contexto será ação dentro do contexto da missão do Deus Trino ao mundo – isto é conhecido e sobriamente afirmado como *Missio Dei*. A teologia é uma tarefa da igreja que ocorre dentro desta missão. A teologia reflete sobre o modo como essa missão pode ser cumprida.

Esta reflexão, que tem lugar dentro da comunidade de fé relacionada com a comunidade geral dos seres humanos, tem um propósito. O propósito é a missão de Deus para o mundo, e a reflexão teológica procura servir a este propósito. Não se trata de uma reflexão de si própria, não há lugar para a auto complacência ou autocomiseração, as pesquisas não buscam apenas colocar

---

[31] Tillich, Teologia Sistemática, 21.

dados juntos, mas busca-se uma reflexão teológica que corajosamente quer que se insere dados de uma tradição onde se desvendou eterna verdades, como possível prática para novos contextos na ampla comunidade dos seres humanos. Sempre fiel às suas fontes, proclama participar da *Missio Dei*, pois a missão a que foi chamada não é sua, mas é a missão trinitária de Deus para o mundo.

A constituição pastoral geral do Vaticano II, *Gaudium et spes,* expressa a relação que aqui estabelecemos nos seguintes termos: Para realizar esta missão, a Igreja deve discernir permanentemente os sinais dos tempos e interpretá-los à luz do Evangelho, e acomodá-los a cada geração, a Igreja poderia responder às perenes questões humanas sobre o sentido da vida presente e futura, E sobre a relação mutual entre eles.[32]

Os teólogos, por serem fiéis à sua tarefa teológica, precisam ser decisivos e ousados para interpretar o tempo atual à luz da revelação Divina registrada nas Escrituras.[33] Para isso, os teólogos, conscientes do Evangelho e responsáveis por sua tarefa, devem ser dignos de seu tempo, buscando

---

[32] *Gaudium et Spes*, 4, in http://www.vatican.va/archive/hist_councils/ii_vatican_council/documents/vat-ii_cons_19651207_gaudium-et-spes_en.html. Accessado em 10 de Dezembro, 2009.

[33] Esta "leitura dos sinais do tempo" também é importante para os pós-teólogos do Vaticano II, especialmente os teólogos da Libertação.

dar sentido à sua vocação teológica em sua missão de seguidores de Jesus Cristo, contribuindo para o contexto com orientações transformadoras, ao ver o Evangelho como sabedoria de Deus para o mundo.

Sobre esta tarefa teológica, Karl Barth afirmou:

> *"A dogmática é a ciência pela qual a Igreja, de acordo com o estado de seu conhecimento em diferentes épocas, leva em conta o conteúdo de sua proclamação criticamente, isto é, pelo padrão das Santas Escrituras e sob a orientação de suas Confissões ".*[34]

Barth com esta definição nos faz ver que a teologia é uma função da igreja e está sempre a seu serviço. Num segundo pensamento, porém, ele declarou que a tarefa mais importante da igreja é o "falar sobre Deus", e deve ser entendida dentro do contexto da missiologia. Pela razão da tarefa teológica ser uma obra humana confiada pela graça de Deus, ela deve estar constantemente aberta à crítica científica. Isso significa que a observação do mundo para o qual é enviada e ouvindo aqueles a quem a igreja fala é essencial para todos que assumem o estudar e o ensinar teologia.

Deve-se enfatizar que a igreja é uma igreja para o mundo. Sua linguagem não é pronunciada

---

[34] K. Barth, Dogmatics in Outline, New York: Harper & Row, 1959, 9.

para seu próprio bem e paz interior. É um exercício que leva à autocrítica, à autocorreção à luz do Evangelho, para realizar sua proclamação ao mundo de forma eficiente e em linguagem inteligível como seu objetivo, busca em cada tempo discernir a linguagem e seus símbolos, buscando pontes culturais para uma mensagem cada vez mais relevante e compreensiva.

Quando a fé cristã afirma que a igreja é para o mundo, ela reconhece que o mundo é também um mundo para Deus. Quando enfatizamos que a teologia se realiza dentro do contexto da missão de Deus para o mundo, ela amplia o conceito eclesiástico da missão. Valoriza o mundo dos seres humanos e das coisas, na medida em que são vistos dentro do grande plano e propósito salvífico de Deus.

As Escrituras falam sobre o Deus que cria o mundo, age dentro da história humana e se fez carne para salvar. Esta é a razão pela qual a teologia deve observar que os grandes eventos relatados nas Escrituras não são eclesiásticos, mas inseridos história em toda a comunidade de seres humanos, e em última análise, tem a ver com todas as criaturas.

O interesse de Deus está no mundo e não apenas na igreja. Deus está interessado na igreja na medida em que faz parte do mundo e se torna um veículo de sua missão para este mundo como uma boa criação de seu projeto total de salvação.

A igreja não existe com um fim em si mesma, mas tem sua origem em Deus, uma missão no mundo e um destino eterno.

A teologia, quando inserida no contexto do mundo, tem lugar num mundo visto como objeto do amor de Deus, num mundo atraído por Deus para a sua glória, mesmo em meio a tantas contradições, rebeldias e mazelas humanas. É neste contexto da missão de Deus para o mundo que ocorre a reflexão teológica, relacionando a experiência da fé com a comunidade geral dos seres humanos e sendo um instrumento de compreensão da vida e do nosso destino diante do propósito do Deus Criador. É somente nesse contexto que os teólogos podem ser uma espécie de escavadores de grandes verdades eternas, procurando descobrir, debaixo das estruturas terrenas, aquelas coisas que lhes proporcionam profundidade e fundamento.

Schillebeeckx escreveu: *"Fora do mundo não há salvação."*[35] Quando a teologia enfatiza a *Missio Dei*, está inserida num território pastoral e prático, indo além do mero pensamento teórico, inserindo-se na vida e suas implicações. Para Daniel Migliore, *"a teologia cristã nos faz fazer mais do que pensar. A teologia canta, confessa, alegra, sofre e age. Quando a fé e a teologia se esgotam no pensamento, tornam-se totalmente questionáveis.*

---

[35] E. Schillebeeckx, Mensenalsverhaal van God, Baarn: Uitgeverij H. Nelissen, 1989, 21.

Isso é por causa da compreensão que ilumina a vida e a prática".[36] Como João Calvino explicou, "*o conhecimento genuíno de Deus é inseparável da adoração e do serviço*".[37] Calvino afirmou que o Evangelho não é "*uma doutrina da língua, mas da vida.*"[38]

No Brasil, a teologia vive sob o desafio de em primeiro lugar, vir à necessidade dos explorados, daqueles que são "não pessoa", daqueles que não são reconhecidas como pessoas pela ordem econômica social: os pobres, os explorados e os invisíveis para a sociedade global, aqueles que sistematicamente e absurdamente são privados de respeito humano.

Gutiérrez argumenta que muitos se tornaram não-pessoa diante de tudo, não só do nosso universo religioso, mas do nosso mundo econômico, social, político e cultural.

A questão não mais será a de falar de Deus para um mundo adulto, mas como anunciar Deus como um Pai a um mundo que deixou de ser.[39] Em outras palavras, a questão que se levanta para uma teologia, que pretende ser Teologia Reformada vivente dentro do contexto contemporâneo, e que precisa ser respondida é: como se

---

[36] Migliore, Faith Seeking Understanding, 6.
[37] J. Calvin, Institutes of the Christian Religion, |1536| (transl. by Ford Lewis Battles), Grand Rapids: Eerdmans, 1986, I.2.1.
[38] J. Calvin, True Christian Life, Grand Rapids: Baker Book House, 1952, 17.
[39] Gutiérrez, La verdad os hará libres, 20.

pode falar de Deus à luz do sofrimento dos socialmente excluídos pela crescente globalização mundial?

Devemos afirmar que o ensino teológico, no mundo real, deve considerar o sofrimento injusto e excludente de milhões de pessoas, buscando o caminho da sabedoria para ensinar como viver na esperança e expressar os sinais do Reino de Deus como paradigma para as novas gerações.

Se a teologia é dirigida ao movimento de Deus no mundo, é trabalho em progresso. A teologia deve sempre se compreender como provisória em suas respostas. Consiste em responder a novas questões que surgem da realidade. A teologia nunca alcançará mais do que o sucesso parcial em suas buscas e pesquisas. E, embora seja importante respeitar e aprender com as respostas dadas a essas perguntas no passado, não há garantia de que a teologia poderia simplesmente ser construída sobre respostas passadas.

Por isso, a teologia deve ter sempre a liberdade e a coragem de recomeçar no princípio que é a revelação de Deus em Cristo. Em Cristo, no qual a aliança entre Deus e o ser humano foi consumada, o amor permanece, mesmo que os teólogos surjam e desapareçam, mesmo que no âmbito da teologia se alterem períodos de claridade com outros na escuridão – sabemos que o sol, mesmo oculto por detrás das nuvens – ou, antes, vitorioso acima delas – é e permanece o sol fulgurante.[40] Dado que tal liberdade e coragem são dons do Espírito de Deus, a oração é a companheira inseparável da investigação teológica: *Veni Creator Spiritus* (Venha, Espírito, Criador).

Teologia é reflexão crítica

A teologia é reflexão sobre os fundamentos históricos e contextuais da fé, do passado ao presente, caminhando para o futuro do Reino de Deus, prometido.

Reflexão significa: *"Consideração atenta, meditação e pensamento sério, aplicação do conhecimento e ponderação da observação e do comentário".*

A palavra reflexão orienta a experiência existencial dos seres humanos porque diz que toda obra teológica tem caráter pessoal. Reflexão e meditação séria é sempre algo que acontece dentro de uma pessoa. Sem reflexão, não seria possível ter qualquer progresso teológico, pois a teologia é um reflexo real e permanente da fé e a reflexão da fé sobre um verdadeiro foco contextual.

Além disso, uma teologia contextual é impossível sem a aplicação de uma reflexão interpretativa diante do texto. A teologia deve conhecer e

---

[40] K. Barth. Introdução à Teologia Evangélica, São Leopoldo: Sinodal, 1996, 128.

considerar o contexto para entender o texto. Assim, toda e qualquer tarefa teológica é uma tarefa hermenêutica. Por exemplo, podemos afirmar que cada sermão é uma tarefa teológica e, portanto, uma tarefa hermenêutica.

A verdadeira reflexão é aquela que termina na compreensão. Não há dúvida de que os modos estranhos de falar sobre Deus, que prosseguiram ao longo dos séculos, precisam de hermenêutica que, além de agradar na tradução de frases de outros tempos, busque expressar o conteúdo refletido da forma mais clara possível em relação à realidade presente.

A teologia é a reflexão que considera este segundo momento de sua reflexão, que é a exposição em e para o presente. "Traduzir" e "falar claramente" são duas importantes tarefas teológicas que precisam ser levadas a sério por nossos seminários, universidades teológicas, púlpitos e serviços públicos em nossas sociedades, porque um de seus ângulos teológicos é tornar-se teologia pública.

Sobre esta tarefa teológica, Macquarrie declarou:

> *A teologia expressa o conteúdo de sua fé particular 'na linguagem mais clara e coerente disponível'. Considerando que a fé é uma atitude de todo ser humano e se expressa em muitas formas, principalmente na ação e no modo de vida. A teologia, como o próprio nome indica, é discurso, e, embora esteja enraizada na*

vida total da fé, visa a expressão verbal. Ao pretender que a linguagem seja a mais clara e coerente possível, a teologia compartilha o caráter de todo empreendimento intelectual, pois em seu núcleo busca inteligibilidade e consistência. Pode ser que, em algum lugar ao longo da linha, a teologia se depare com algo que lhe escape ou ultrapasse a compreensão, mas nunca pode abandonar seu objetivo de alcançar o grau mais alto possível de inteligibilidade".[41]

Foi Karl Barth quem reconheceu que o falar sobre Deus é uma coisa perigosa inserida "dentro de uma condição difícil, cheia de tentações, e assim, responsável." Essa é a condição na qual a igreja fala sobre Deus. É importante para a igreja não só falar sobre Deus, mas fazer uma pausa em seu discurso e exercer alguma autocrítica. Deve colocar suas palavras sob reflexão séria e autoexame.

Temos dois pontos aqui: a igreja que fala sobre Deus, e os teólogos que examinam cientificamente este discurso e fazem este exame através da origem de sua teologia. A Igreja precisa de uma avaliação permanente à luz da sua missão em Cristo e no seu Espírito.

Karl Barth estava correto quando defendeu que o exercício teológico faz parte do esforço humano para o conhecimento e, para isso, requer

---

[41] J. Macquarrie, Principles of Christian Theology, New York: Charles, Scribner's Sons, 1966, 2-3.

faculdades intelectuais, atenção e concentração, compreensão e julgamento, decisões e bom uso das mesmas faculdades, e, ainda a inserção através do ser humano em seu discurso.

Por causa dessas dinâmicas, enquanto a teologia participa da missão de Deus ao mundo, sua característica teológica essencial nunca seria uma obra terminada, mas em via, sendo provisória, apontando para o Reino de Deus, como Júlio de Santa Ana enfatizou:

> *"a questão é de suma importância: trata-se de saber se a pastoral das igrejas é pertinente ao período histórico que vivemos, ou se, ao contrário, corre o risco de ser anacrônica, de permanecer fora do horizonte de nosso tempo".*[42]

A teologia deve sempre caminhar por um caminho estreito que vai da fé a fé (Romanos 1:17).

A teologia é sistemática

A contextualidade da teologia não significa que não há coerência nela, como se em qualquer situação aleatória se pudesse dizer o que as pessoas gostam. A teologia como discurso sobre o único Deus tem a unidade como sua base. Esta não é, no entanto, a unidade de um argumento linear. É a unidade do Deus vivo que é o Pai, o

---

[42] J. de Santa Ana, Pelas Trilhas do Mundo a Caminho do Reino, São Bernardo do Campo: Imprensa Metodista, 1984, 6.

Filho e o Espírito. É uma unidade viva e assim dinâmica. O desafio para os teólogos é expressar a coerência dessa dinâmica.

Coerência não só é exigida por causa da doutrina de Deus, mas também porque a teologia é libertadora. Libertar as pessoas não significa que elas são deixadas à arbitrariedade e suas vidas e comunidades são divididas em pedaços, mas precisamente porque suas vidas são curadas e não são excluídas da sociedade e, portanto, vivem em uma comunidade que estrutura suas vidas.

Coerência implica que a teologia é sistemática. A teologia cristã, como procedente de um todo coerente, é basicamente sistemática. Embora seja sistemática, não permanece presa em um sistema fechado.

Quando eu digo que tem um caráter sistemático, quero dizer que o que é dito sobre Deus, o Pai, afeta o que devemos dizer sobre o reino e a história de Deus, e isso acontece em qualquer tópico teológico. Esta é a razão pela qual cada fragmento teológico leva dentro de si todo um sistema. *"Um fragmento é um sistema implícito; um sistema é um fragmento explícito"*.[43]

A noção de sistema é claramente visível dentro dos credos tradicionais da igreja. O Credo de Nicéia é uma ilustração desta afirmação. O que é

---

[43] P. Tillich, Teologia Sistemática, São Leopolgo: Sinodal, 2005, 72.

mais sistemático do que este credo, tão fundamental para a história, em seu fundamento e para o movimento ecumênico que buscou um método à teologia em sua tarefa?

A teologia cristã é sistemática por sua natureza com sua herança histórica e sua prática de buscar coerência doutrinária e compreensão teórica ao longo dos tempos. Mesmo quando se reconhece a fragilidade e a limitação do termo sistemático, é mais adequado ser usado para uma dada estrutura racional. *"A teologia é logos e o logos é sistemático."*[44]

Pode-se discordar, argumentando se ainda há um lugar para um renovado interesse do caráter sistemático da teologia. No entanto, de acordo com a prática da fé e do trabalho teológico, a elaboração metodológica das doutrinas cristãs é de vital importância para a vida da igreja e para as comunidades cristãs.

A vida de fé não é uma razão abstrata para o cristão, no entanto ao ser racional, ele procura desenvolver seu intelecto. A fé busca compreensão e entendimento, como costumava dizer Anselmo.[45] A vida da comunidade cristã não ocorre além dos princípios básicos da razão. A Igreja precisa do pensamento teológico para julgar ra-

---

[44] J. Maraschin, Sillabus in TeologiaSistemática, 1-9.
[45] M. OGILVIE, Faith Seeking Understanding, Milwaukee: Marquette University Press, 2001, 136.

cionalmente as muitas manifestações de sua existência terrestre. É necessário a nível pessoal e para a comunidade nos campos devocionais da estrutura eclesiástica, bem como para a ética pessoal e social.

Sem a orientação teórica da teologia, os resultados seriam desorientação e um fanatismo alienante, causando práticas altamente destrutivas e também prejudicando as comunidades cristãs. A teologia sistemática busca a compreensão fiel (*intellectus fidei*) em qualquer língua e cultura, é fé intelectual (*fides intellectus*) que atua na história do mundo.

Sistemática

Sistemática é uma palavra que vem do termo grego sistema e significa uma composição de diferentes partes. É possível definir sistemática como um conjunto de partes coordenadas; proposições coerentes; ideias coordenadas que formam um todo racional e, um corpo da doutrina. No sentido de ser coerente, toda teologia, de fato, é de algum modo sistemática.

Portanto, ser sistemático significa buscar coerência e conexão entre as partes da doutrina. Para tudo o que afirma há um todo fundamental, mesmo quando este todo não é expresso metodologicamente.

Embora utilizemos o termo sistemático para qualificar a teologia, não queremos dizer que ela não tem seus próprios inconvenientes também. Cada sistema é necessariamente limitado pelo tipo de problemas que pretende lidar.

Os sistemas parecem incapazes de abraçar cada face da verdade. Eles não podem alcançar a totalidade do que é real. Todos esses limites fazem parte da natureza do trabalho teológico e dependem também da capacidade intelectual do teólogo, porque os teólogos exibem seu material de acordo com suas próprias preferências.

Já não vivemos na Idade Média quando o maior objetivo era fazer *Summae Theologiae*. A ideia de Summa representa a intenção de dizer tudo sobre tudo. Foi um esforço nobre que se encaixou perfeitamente na mente de algumas épocas, em sua construção teológica. Quanto a este quesito é necessário dar o merecido crédito a um dos maiores pensadores da história da igreja, Tomás de Aquino, que teologizou desta maneira.

Hoje em dia ninguém mais tem a intenção de elaborar uma *Summa* sobre qualquer tema de estudo, e isso é também verdade sobre o estudo da teologia. O que nos deixa felizes é o fato de percebermos que cresce a compreensão em ter uma teologia consciente de suas limitações fundamentais, uma teologia que apesar de seus limites crescentes diante da amplitude de um conhecimento que precisa de constante reformulação, criatividade e reinterpretação.

Cito aqui o metodologista, Pedro Meno, o qual afirmou que o papel central e insubstituível do professor não é o de dar uma aula, mas o de inspirar o aluno aprender, gerar algo fundamental. No labor teológico, a curiosidade. Há uma suposição que precisa ser a cada dia novamente reativada, é a de que o professor é muito mais um especialista em aprender do que em ensinar. Aqueles que não sabem como aprender não sabem como fazer o aluno a aprender.[46]

O termo teologia sistemática é normalmente usado para uma disciplina teológica específica em distinção a outras, como a história da igreja ou estudos bíblicos. Neste sentido, também é usado nos seminários de tradição reformada e evangélica, na maior parte de nosso mundo atual. Cientes de que até algum tempo o termo "dogmático" era usado para definir esta disciplina – veja como exemplo a obra de Emil Brunner e Karl Barth. Em minha própria denominação eclesiástica, por mais de meio século e ainda hoje, o principal texto de referência para a Teologia Sistemática, é uma das obras de seu fundador, Alfredo

---

[46] Pedro Demo, Metodologia do Conhecimento Científico. São Paulo: Atlas, 2000, 81.

Borges Teixeira, que recebeu a nome *Dogmática Evangélica*.[47]

A palavra dogmática, entretanto, recentemente, caiu em descrédito, por ter a inconveniência de parecer acabar como a reflexão teológica em dogmas proclamados pelas autoridades eclesiásticas, porém nem sempre colocados em prática – foi isso que gerou o que tem sido chamado de escolasticismo protestante.[48]

Depois de uma crise severa sobre como nomear a teologia, a "teologia sistemática" prevaleceu no currículo dos seminários brasileiros, especialmente entre aqueles de tradição reformada ou sob sua influência. E mais ainda, a Teologia Sistemática tornou-se nestes âmbitos de educação teológica a espinha dorsal dos programas teológicos. É a parte central, ou o núcleo do ensino dessas escolas de formação teológica.

Quando digo que a teologia deve ser sistemática, não me refiro apenas a uma disciplina específica. Quero dizer que a teologia como um todo deve ser sistemática. Há coerência em qualquer campo da teologia e todos os campos devem ser uma unidade coerente, pois todos se referem ao único Deus em sua atuação libertadora e todos eles são sobre toda a vida dos seres humanos.

---

[47] A. B. Teixeira, Dogmática Evangélica, São Paulo: Pendão Real, 1958.
[48] K. Barth não teve problema com este termo. Ele usou no título de sua maior obra teológica - Church Dogmatics.

A vida que é vivida em liberdade e que é curada da exclusão e do pecado não pode ser dividida em pedaços, como se estivesse desconectada com os outros. Assim como os membros da comunidade não podem viver sem relacionamento de uns para com os outros.

Que nos fique bem claro, há sempre um sistema coerente interno, uma unidade de pessoas e assuntos que são reunidos intrinsicamente desde seus fundamentos. Estejamos cientes de que a teologia ao ser vista como um discurso sobre o Deus que cura vidas humanas, e transforma relações, não pode ser dividida e, por isso, é sempre sistemática. Por consequência, as disciplinas tanto na formação quanto na pesquisa não podem se desenvolver separadamente.

Teoria e Prática

A integração da teologia como um todo coerente é também aplicável à relação entre a teoria e a práxis. Esta relação é enfatizada pela teologia latino-americana, de modo assertivo, especialmente por Clódovis Boff.[49]

A distinção esteve sempre muito nítida no movimento ecumênico do Conselho Mundial das Igreja (WCC), desde suas origens. Pode ser verificado na história já em sua organização, quando

---

[49] C. Boff, Teologia e Prática: teologia do político e suas mediações, Petrópolis: Vozes, 1978.

surgiu dentro dos movimentos a comissão de Fé e Ordem e Vida e Ação.[50]

Outros teólogos fizeram uma distinção similar entre reprodutiva e produtiva: a primeira dirigida ao conteúdo da tradição, a segunda à práxis e à transformação.

Concordamos com Eugênio Araya[51], da Comunidade Teológica Evangélica do Chile, que, em seu programa de teologia sistemática, enfatizou que a teologia deveria ter um caráter de ser sempre em sua construção, ao mesmo tempo produtiva e reprodutiva.

A teologia em suas funções

Embora ambos sejam aspectos da teologia – reprodutiva e produtiva. A distinção leva facilmente a discursos separados e até a vários conflitos em seminários e faculdades teológicas, chegando inclusive a debates em livros e jornais ao longo de várias gerações.

---

[50] W. A. Visser'tHooft, The Gospel for all Realms of Life, Geneva: WCC, 1975; Memoirs, London: SCM Press, 1973; Leon Howell, FéenAcción, Geneve: CMI. 1982; M. Kinnamon and B. Cope, The Ecumenical Movement: An Anthology of Key Texts and Voices, Geneve: WCC, 1997; A. G. K. Bell, The Stockholm Conference 1925, London: Oxford University Press, 1926; Ans J. Van der Bent, Commitment to God's World: A Concise Critical Survey of Ecumenical Social Thought, Geneva: WCC, 1995; Ans Jan der Bent, Historical Dictionary of Ecumenical Christianity, Metuchen, N.J. & London: The Scarecrow Press, 1994.

[51] E. Araya, Introducción a la Teología Sistemática, Santiago: CTEC, 1983.

O que é Teologia?

Em alguns seminários e igrejas, prevaleceu uma luta perene entre as funções produtivas e reprodutivas da teologia, da teoria e da prática. No século XX, gastou-se muita energia neste tipo de debates, não direcionados para chegar a um consenso, mas para combater a aparição de novas propostas em teologia, como o que aconteceu com as teologias contextuais. É, sobretudo, na teologia sistemática que essas tensões internas se tornaram conflitos problemáticos.

Por um lado, há o medo do novo, o medo de produzir; e por outro lado, a fadiga de uma teologia que apenas reproduz conceitos de outros séculos e lugares e responde a perguntas de outros contextos dentro de categorias e simbolismos estranhos.

O novo, em alguns lugares, é ouvido com suspeita, e em outros, o velho é visto com desdém. Isso pode ser acompanhado por uma evolução da racionalidade.

Há também um interesse crescente pela teologia prática nos seminários latino-americanos – a qual é outra função da teologia -, que não está embutida em toda a teologia como uma unidade sistemática, mas é concebida como uma alternativa ao estudo da tradição e, muitas vezes, é até oposto a ela. Neste caso se privilegia a prática acima de tudo.

Esta dualidade percorre a história do pensamento cristão, ao longo dos séculos. Também o movimento ecumênico passou por esse conflito entre doutrina e prática no Século XX. Na Conferência Universal sobre a Vida e o Ação, em Estocolmo, 1925, um slogan intrínseco marcou a história do movimento ecumênico: *"Doutrina divide, Serviço une"*[52]. Essa dicotomia apresentada por Nathan Söderblom[53] ainda prevaleceu no senso comum de muitos membros da igreja em relação à teologia. Isso tornou o ensino da teologia sistemática ainda mais difícil. Reduzir a possibilidade de a teologia ser unilateral a uma de suas funções, seja prática ou científica, produtiva ou reprodutiva, atingiu um nível crítico.

Em outro livro, descrevemos e pensamos sobre a teologia como sabedoria. É onde determinamos uma forma diferente de encarar o assunto metodologicamente, enfocando o caráter inclusivo da tarefa e das possibilidades da teologia, integrando-a a todos os campos da vida humana. Assim, o pensar a teologia como sabedoria nos levará a um ponto na qual todas as funções teológicas devem ser interdependentes e necessárias entre si, portanto, interligadas. Certos de que uma inclinação reducionista prejudicaria a totalidade criativa do trabalho teológico.

---

[52] Silas B. Dias, Doutrina Divide, Serviço Une – Estudo de um caso de idealismo cristão, desde a Conferência Cristã, Vida e Ação, Stockholm, 1925. Masters Thesis. Geneva: Unigeve, 2001. (Livro a ser lançado por esta editora)
[53] N. Söderblom era Archbishop de Uppsala, e o presidente da Conferência Universal Cristã Life and Work, Stockholm 1925.

A teologia deve ser desenvolvida como memória, razão, criatividade e práxis. Ela precisa ser ao mesmo tempo, reprodutiva, produtiva, racional e pastoral – *anamneses*, hermenêutica, *ratio e praxis*.

Distinções na tarefa teológica

Somente depois de termos afirmado que a teologia é um todo, poderemos distinguir as funções da tarefa teológica que fluem dos aspectos vários, e desde um modo hermenêutico que a teologia progride.

Esses são aspectos, que temos aqui chamados de funções, nunca deveriam ser vistos de forma separados, mas devem servir e apoiarem-se mutuamente. A teologia é um ato dialógico, complexo e includente, portanto, transformador e atualizador das verdades eternas para cada nova geração.

Distinguimos quatro funções nas quais nos concentraremos mais especificamente:

Esta função que pode ser chamada de **anamnese** tem a ver como a expressão que identifica o lugar da tradição teológica no labor teológico, e é a partir desta função que a teologia expressa a firmeza de suas raízes na história dos homens, na qual sempre se moveu e deve ser mover hoje;

A *função racional* – científica, tem como expressão básica a coerência da realidade e da seriedade acadêmica – é a teologia corajosa diante da realidade da vida. É aqui onde a função teológica busca compreender dentro da complexidade da realidade de novas descobertas científicas, como responder com inteligência da fé as perguntas novas que surgem desta realidade – sabe que a verdade liberta, e por isso deve levar a sério tanto a tarefa exegética quanto filológica e arqueológica. A coragem intelectiva é essencial a teologia num mundo adulto e incrédulo. A verdade não tem nunca medo nem da crítica e nem dos pressupostos das novas descobertas – respeito à ciência e a razão humana, é um ato de criatividade e respeito ao Criador.

A *função hermenêutica* como expressão da dinâmica da história em que a teologia se desloca continuamente para dentro de novos contextos, quer no lugar quer no tempo – em busca de respostas a novas perguntas, por saber que os contextos aprofundam e transmutam tanto perguntas quanto respostas.

E então, a *função prática*. A *práxis* funciona como expressão da teologia como ferramenta crítica para a transformação social e a paz num mundo de opressão e injustiças sociais. Nosso chamado na missão de Deus no mundo é a de ação. Fé sempre está seguida de um verbo de ação na galeria dos heróis da fé no livro de Hebreus capitulo 11.

Vejamos agora essas quatro funções explicadas de modo mais detalhado.

a. Função reprodutiva (anamnese).

A memória da fé[54] é essencial à tarefa teológica. Quase todos os pensadores cristãos tomaram em consideração os seus predecessores imediatos, cujas obras tentaram aprofundar e melhorar. E todos eles se referiram, pelo menos, a um ou a outro antecessor, a quem se compreendiam como endividados.[55]

Apesar de toda evolução que a teologia tem tido, dialogando com várias culturas e filosofias, o critério decisivo para ter uma reflexão teológica de qualidade foi sempre a Revelação do mistério de Deus nas Escrituras e idêntica reflexão a partir das grandes confissões dos concílios da Igreja, sobretudo, dos primeiros séculos da história da Igreja.

---

[54] Para Johann Baptist Metz, o evangelho nada mais é do que a "memória perigosa" da morte e ressurreição de Jesus Cristo, que "interrompeu" a história, revelando os padrões de violência e injustiça em curso nos sistemas do nosso mundo e inspirando solidariedade com as vítimas através da memória do seu sofrimento para um futuro de esperança. Johann Baptist Metz, Faith in History and Society: Toward a Fundamental Practical Theology (New York: Seabury, 1980, 115.

[55] P. Boehner and E. Gilson, História da Filosofia Cristã, Petrópolis: Vozes, 2003, 11.

A teologia deve ser entendida como *anamnesis fidei*. Num sentido mais radical, poderíamos dizer que uma teologia que não se abre para a memória da fé histórica através das Escrituras não é uma teologia cristã.

Os Pais Apostólicos primitivos praticaram a teologia com uma clara preocupação de ter as Escrituras como a fonte constante de sua teologia. Esta foi a razão pela qual os reformadores insistiram em voltar às Escrituras e à tradição dos Pais da Igreja, levando as Confissões a sério como uma atividade indispensável para construir uma clara posição teológica – fiel às Escrituras e dialogal com a tradição dos pais da Igreja.

Do mesmo modo, as Escrituras e as Confissões dos grandes Concílios Ecumênicos foram as fontes constantes dos Reformadores do Século XVI. Nada caracterizou tanto os Reformadores quanto o seu método teológico, como a preocupação bíblica de tomar as Escrituras como *norma normans* (a que normatiza) de sua teologia em conexão com a memória da fé.

A primazia das Escrituras é, para a teologia reformada, a garantia de um correto método teológico, vindo como um princípio formal e vital para o trabalho teológico. Eles redescobriram e enfatizaram que o tema e o conteúdo da teologia são a Revelação de Deus. Isso não é algo isolado da vida presente, mas a fonte para compreendê-la, como diz Calvino:

O que é Teologia?

"É evidente que o homem nunca alcança um verdadeiro conhecimento de si mesmo antes de contemplar o rosto de Deus e descer depois dessa contemplação para olhar em si mesmo".[56]

Falar da memória histórica da teologia não foi, desde o início, falar de nenhuma tradição, mas da Tradição Apostólica. O movimento ecumênico no século XX tem apontado para a distinção entre Tradição e tradições – como já tínhamos referido acima.[57]

Não importa quão diferentemente foram e tem sido formulada as tradições das igrejas e denominações, para serem cristãos em essência e clareza cristã, devem estar enraizados na única Tradição Apostólica – pedra de toque da teologia.

A memória histórica é a Tradição através da qual a Igreja transmite, a partir dos Apóstolos, os mistérios da Revelação divina e a fé da igreja ao longo dos tempos. A tradição Reformada cresceu dentro da história em busca da plenitude da fé, enfatizando elementos específicos que eles consideravam importantes, como a eleição divina e a obra do Espírito Santo que renova e fortalece a igreja, olhando para o Reino de Deus.

Fiel às Escrituras e à Tradição dos apóstolos, a teologia contribui para o dinamismo através do

---

[56] Calvin, Institutes I, 1, 2.
[57] Kinnamon and Cope, The Ecumenical Movement. An Anthology, 139.

qual o mesmo Espírito de Deus sempre cria a igreja novamente em situações novas. Somente assim a teologia servirá à igreja para se tornar doxologia e comunhão de vida no mundo. É dentro da Igreja e com a sua tarefa eclesiástica e existencial que a teologia cumpre a sua função reprodutiva em relação à sua função produtiva. Em outras palavras, coordena a mensagem bíblica e sua interpretação no passado de forma apropriada à nossa era.

Essa função reprodutiva foi menos enfatizada pela teologia liberal e por teologias mais contemporâneas. Por outro lado, observa-se que a maior parte do tempo foi acentuada por algumas das teologias fundamentalistas e de forma mais intensa por teologias conservadoras. O trágico é ver o desconhecimento da tradição apostólica, muito patente em obras teológicas forjadas em territórios americanos e onde sua influência é predominante.

Em relação ao ensino da teologia no Brasil, muitos seminários reformados tradicionais privilegiaram a função reprodutiva da teologia em detrimento da função produtiva. O resultado foi uma fossilização da teologia e um distanciamento crescente entre a igreja e as escolas de teologia – o que fez crescer um abismo entre ambas.

Reafirmando esse ponto, é oportuno enfatizar as funções produtiva e reprodutiva da teologia.

Eles não se excluem, mas são mutuamente necessários, porque a teologia é primeiramente a consciência da libertação realizada por Jesus Cristo, que deve se atualizar a cada nova geração e em cada novo contexto. Da mesma forma, a teologia perde seu *status* ao limitar sua tarefa a uma função simplesmente produtiva e criativa.

A teologia em sua tarefa, deve sempre manter-se viva, falando sobre a memória da libertação realizada na redenção como uma memória de esperança.

A memória da fé é um pré-requisito indispensável para uma nova interpretação. A teologia não deve lutar por alternativas, tais como, por de um lado, o conservador e, por outro lado, o progressista. Mas, num diálogo criativo, deve continuar a enriquecer-se dinamicamente.

Desde essa visão, é importante notar que a teologia não precisa esconder nem negar a riqueza da memória teológica cristã, alegando preconceitos ou suspeitas de cientificidade. Mas deve explorar humilde e corajosamente todos os assuntos possíveis sobre a história do pensamento cristão de forma criativa.

Finalmente, deve-se enfatizar que a função reprodutiva da teologia aponta para as Escrituras e para uma tradição viva de fé, evitando que a teologia seja aprisionada por qualquer nova ideologia.

Este é um dos grandes desafios para a tarefa teológica – cultivar a memória viva da igreja. Numa cultura confusa e num tempo de falta de vida e de libertação, afirma redescobrir a esperança, como afirmou João Calvino: *a história é mestra da vida.*[58]

b. *Função racional-científica*

A função racional ou científica sempre foi uma caracterização da teologia cristã, especialmente de uma forma mais acentuada após a era da razão, o iluminismo.

A teologia precisa apelar de forma unívoca para a disponibilidade de instrumentos que o mundo, com seu conhecimento e cultura, dá ao teólogo. Ao fazê-lo, a teologia se tornará um serviço eficaz para o mundo.[59] Este foi o procedimento de todos os grandes teólogos na história da Igreja.

Todos eles fizeram, de alguma forma, o uso dos recursos conceptuais e linguísticos de seu tempo para elaborar sua teologia. Da origem aos dias atuais, nenhuma teologia foi elaborada sem um contato real com o contexto de cada era – mesmo a daqueles que não o reconhecem, fatores ideológicos sempre se fizeram presentes.

---

[58] T. J. Gorringe, Karl Barth Against Hegemony, Oxford: Oxford University Press, 1999, 87.

[59] H. Rito, Introdução à Teologia, Petrópolis: Vozes, 1998, 99.

E é nesse contato dialógico com a realidade que se pode ver o caráter racional da teologia, tentando aproximar-se o mais possível da racionalidade científica e filosófica de cada época.

A teologia não pode isolar-se do mundo cultural sem correr o risco de ser uma teologia estéril, que não produziria frutos para a evangelização do mundo.[60] E sem uma teologia séria, contextual e sabedora que crer é também pensar, pois teologia é a fé com os olhos abertos, e é sobretudo, inteligência da fé, a Igreja se fossiliza e envelhece, perdendo sua relevância na história humana. Somente uma Igreja com uma teologia prisioneira do seu Senhor será verdadeiramente livre para servir os seres humanos de sua geração.

Este diálogo com a realidade da cultura de forma envolvente pode ser feito de diferentes maneiras, que às vezes são rotuladas como exclusivas ou inclusivas. A teologia inclusiva é aberta à cultura humana, buscando uma inclusão não só em sua linguagem e símbolos, mas também em seu conteúdo teológico, pelo fato de responder em cada época as novas perguntas e solucionar novas problematizações.

O modelo de uma teologia exclusivista funciona dentro dos limites das fontes dadas pela fé e a busca pelo confronto com a cultura. De Justino,

---

[60] Rito, Introdução, 100.

o Mártir, e Tertuliano até os teólogos mais recentes, estas aproximações podem ser observadas.

Justino tentou interpretar a cultura na perspectiva de seus melhores representantes, chamando Sócrates de um cristão como participante da Palavra[61], porque ele era apaixonado em busca da verdade e disposto a dar sua vida por ela.[62] Tertuliano confrontou seu contexto com sua famosa questão:

> *"O que então tem Atenas em comum com Jerusalém? O que a Academia tem em comum com a Igreja? O que têm os hereges em comum com os cristãos? Nossos princípios são do 'Pórtico' de Salomão, que ele mesmo transmitiu que o Senhor deve ser buscado na simplicidade do coração. Afastar-se daqueles que trazem à frente uma Cristandade estóica, platônica ou dialética. Não temos necessidade de investigações especulativas depois de termos conhecido a Cristo Jesus; Nem de busca da Verdade depois de termos recebido o Evangelho. Quando nos tornamos crentes, não temos nenhum desejo de acreditar em nada além disso; pois, o*

---

[61] Justin the Martyr, Apology I, 46, translated by Marcus Dods and George Reith, Ante-Nicene Fathers, Vol. 1, edited by Alexander Roberts, James Donaldson, and A. Cleveland Coxe, Buffalo, NY: Christian Literature Publishing Co., 1885.

[62] Justin the Martyr, Apology II, 10, translated by Marcus Dods and George Reith, Ante-Nicene Fathers, Vol. 1, edited by Alexander Roberts, James Donaldson, and A. Cleveland Coxe, Buffalo, NY: Christian Literature Publishing Co., 1885.

primeiro artigo de nossa crença é que não há nada além do qual devamos crer.[63]

A função racional da teologia dentro da história do pensamento cristão pode ser entendida sob a ótica dessas duas abordagens. No entanto, ambas estão em relação com a racionalidade de sua cultura. No entanto, uma clara compreensão metodológica destes dois modelos facilita muito a compreensão do aluno da tarefa teológica e suas funções de forma didática. Ou seja, estudar Atenas e Jerusalém, usando a metáfora de Tertuliano – estudar com dedicação as ciências sociais e práticas, enquanto se estuda com profundidade os grandes temas da fé.

A teologia, como conhecimento racional, deve estar em diálogo com a cultura e outros conhecimentos humanos. É aí que deve procurar compreensão e querer contribuir para a participação do ser humano no Reino de Deus, lutando de forma libertadora por um mundo mais justo e mais humano. E enquanto busca esse diálogo racional com as ciências humanas, a teologia mostra o reconhecimento de seus próprios limites. Uma teologia autossuficiente nunca estaria em diálogo com outras ciências, mas permaneceria soberba, vangloriando-se de suas próprias conquistas. Com o tempo, ela se tornaria obsoleta e

---

[63] Tertullian, On the Testimony of the Soul and on the 'Prescription' of Heretics, translated into English by T. Herbert Bindley, London: SPCK, 1914, 45-46.

morreria, condenada por sua própria realidade temporária.

A teologia, na sua função racional e científica, deve estar consciente de que nunca será capaz de cumprir sua tarefa, exceto dentro de sua história temporária e limitada. O teólogo vive e realiza o trabalho teológico dentro de um tempo determinado, embora sua fé e suas conclusões tenham um sentido eterno.

A teologia representa um esforço constante da Igreja em procurar permanecer em contato com a realidade do ser humano, seus problemas, suas dúvidas e seus projetos. Constitui a sua tarefa o contínuo intercâmbio entre a fé e a razão, o mundo e Deus, superando a dicotomia entre o profano e o sagrado.[64]

Sob a cosmovisão da realidade da Palavra de Deus, busca apreender o ponto de inserção no mundo em cada geração.

O teólogo brasileiro Honório Rito afirma claramente o lugar da razão na tarefa teológica:

Se a teologia está convencida de que a Revelação e a fé significam para o cristão uma luz que não é apenas luz da razão, mas também luz da fé que enriquece a razão, ela nunca tem o direito de desconhecer o valor da racionalidade científica para a própria salvação do homem que é sempre histórica e supra histórica, temporal e supratemporal, material e espiritual.

---

[64] R. Latourelle, Théologie Science du Salut, Paris: Cerf, 1968, 18.

Uma teologia que está preocupada em salvar o homem todo nunca poderia negligenciar a racionalidade das ciências humanas em nome da supra racionalidade da fé.[65]

Segundo Paul Tillich, a teologia sistemática possui uma racionalidade tríplice[66]:

Racionalidade semântica. Refere-se à tarefa de esclarecer conceitos que têm mais de um sentido. Há palavras usadas tanto em linguagem filosófica e científica como no uso popular.

Racionalidade lógica. Este princípio refere-se acima de tudo às estruturas que determinam cada discurso significativo e que são formuladas na disciplina lógica. A teologia depende tanto quanto qualquer outra ciência da lógica formal.

Racionalidade metodológica. Isso significa que a teologia segue um método, uma maneira definida de deduzir e estabelecer suas proposições. O caráter desse método depende de muitos fatores não-racionais. Contudo, uma vez estabelecida essa racionalidade metodológica, devemos segui-la de uma forma racional e coerente. Daí, significa que a teologia tem de seguir um método porque é sistemática.

---

[65] Rito, Introdução, 101-102.
[66] Tillich, Systematic Theology, Vol. I, 52-57.

c. Função hermenêutica

A hermenêutica tem a ver com a transposição da mensagem bíblica de seu contexto original para o contexto histórico do intérprete moderno.

Sem a função hermenêutica, a teologia não seria mais do que a repetição de fórmulas construídas no passado, incompreensíveis para cada geração posterior da história.

É o objetivo da interpretação teológica que o texto escrito no passado possa ter um impacto sobre o presente. É por esta razão que a abordagem estritamente histórico-crítica entrou em falência, porque não conseguiu, em sua interpretação bíblica, fazer com que a luz vinda do passado pudesse adquirir vida e iluminar o presente.

A teologia, em sua função hermenêutica, exerce uma abordagem crítica em relação ao reducionismo usado por outras abordagens, que não fazem justiça nem ao contexto histórico original, nem ao contexto histórico atual, e à sua correlação mútua. Na primeira vemos uma adaptação prematura às necessidades contemporâneas, e na outra uma tentativa de consertar no passado.

No entanto, a mudança de paradigma na hermenêutica moderna consistiu na consciência de que o contexto desempenha um papel fundamental na interpretação e que o "entendimento" não é reprodutivo, mas uma nova produção de significado. O novo contexto toma o texto e o faz 'crescer', e assim permite ao leitor descobrir significados novos, os quais não foram vistos nem mesmo por seu autor original.

É convicção da atividade teológica que a mensagem da igreja precisa ser tão bíblica quanto contemporânea. Numa abordagem hermenêutica contextual ambos os contextos estão ligados. Em outras palavras, há uma procura no contexto atual o que tem a ver com o contexto original. Consciente de que a mensagem bíblica só pode ser entendida corretamente à luz de seu contexto original. A meta é conectar o horizonte da situação histórica contemporânea numa busca do que foi chamado de "*fusão de horizontes*"[67], isto é, com o horizonte do texto, de modo que a mensagem proclamada na situação contemporânea pode ter um equivalente dinâmico com a mensagem proclamada no contexto original.

Antes da modernidade, pensava-se que a verdade era fixa. Era uma forma não-histórica de pensar, procurando de forma simplista chegar às conclusões. Por isso, aquelas conclusões eram abstratas, sem qualquer contato com a realidade histórica. As doutrinas foram pregadas nas igrejas, mas não explicitamente elaboradas no contexto.[68]

---

[67] H. G. Gadamer, Truth and Method, London: Sheed and Ward, 1979, 273.
[68] J. B. Libânio and A. Murad, Introdução à Teologia, São Paulo: Loyola, 1998, 336.

O resultado de uma hermenêutica que leve em conta apenas os dogmas que foram estabelecidos no passado resulta em apenas ensinar uma espécie de teologia reprodutiva, e nunca produtiva e criativa.

As grandes descobertas de natureza histórica, a reavaliação das culturas, a consciência da etnicidade das pessoas, os novos conflitos econômicos e sociais têm provocado a necessidade de uma nova hermenêutica inclusiva e contextualizada – uma desafiante mudança de paradigma no fazer teologia e ensinar teologia. Sob esta ótica, o teólogo brasileiro João Batista Libânio afirmou que a hermenêutica é assim:

"A descoberta do valor das culturas e seu condicionamento (positivo e/ou negativo) na interpretação da fé confere à tarefa hermenêutica atualidade enorme. O cristianismo atual resulta de vários processos de enculturações e sincretismo. Nascido no meio da cultura oriental semítica mediterrânea, expande-se para o ocidente. Faz a passagem do horizonte judaico para o helênico. Já em seus inícios, realiza reinterpretações múltiplas, como mostram os escritos das Escolas de Alexandria, Antioquia e Capadócia. Na Idade Média, assimila e promove as novas culturas autóctones e se aceitam os elementos positivos do pluralismo cultural da sociedade moderna, processa-se a reinterpretação dos dados da fé para novas situações e contextos. Não se renuncia ao núcleo do cristianismo, para fazê-lo palatável e

O que é Teologia?

'pronto para o consumo', no imenso supermercado religioso e movimentos pseudomísticos. Ao contrário, busca-se fidelidade ao Evangelho, mantendo seu caráter de 'Boa Nova' compreensível, significativa e interpeladora".[69]

Tão importante quanto a relação entre teologia e tradição, é sua relação com situações reais, já que a teologia não pretende apenas repetir o *kerygma* bíblico, ou apenas fazer exegese literária ou descrever a história da Igreja, mas deve reformular todos os aspectos deste processo de tradição sob a ótica da situação contextual.

A tarefa teológica não é apenas um ato de coordenadora da tradição, mas a de reformulá-la permanentemente, porque a teologia fala sobre o Deus vivo e ativo na história da humanidade – um Deus de mente aberta a um mundo que Ele ama.

Como a hermenêutica fala e analisa o que acontece entre o texto antigo e o contexto atual, ambos os contextos são relevantes e, portanto, podemos argumentar do fim para o começo - do presente para o passado.

A teologia latino-americana mantém o axioma já tornado clássico: "O lugar social estipula o lugar hermenêutico".[70] Esta hermenêutica social da comunidade atual, no entanto, não pode perder

---

[69] Libânio and Murad, Introdução, 337.
[70] Libânio and A. Murad, Introdução, 338.

sua relação filial com a memória da fé, valorizando o viver espiritual e Intelectual acumulado através das gerações, ao mesmo tempo em que ouve novas vozes e novos conceitos da fé à medida que avança.

Os teólogos ao longo da história, mesmo se eles pensaram que estavam proclamando a verdade eterna, praticavam, na verdade, este tipo de hermenêutica. Desafiados pela sua própria situação, eles interpretaram a Escritura de sua própria perspectiva – por isso, somos desafiados a fazer o mesmo.

Observe bem, ambas as perspectivas - do passado para o contexto presente e do presente para o contexto passado - são fundamentais para o viver da teologia crítica. O progresso do Evangelho no tempo e no espaço dentro da história da Igreja e sua missão exige que a teologia reformule a verdade cristã contida nas antigas expressões, produzindo uma interpretação atual, numa linguagem que fale a este mundo.

A teologia não só ordenou as afirmações bíblicas, como se fossem pequenas pedras componentes de um mosaico, mas também desenvolveu uma história de interpretação, cumprindo a função hermenêutica da teologia. Esta tarefa tem o discernimento como seu pré-requisito, purificando pensamentos no confronto da fé cristã com as ideologias em cada contexto.

O que é Teologia?

O testemunho da teologia consiste em ser e ter um testemunho responsável e comprometido com o conteúdo expresso na Revelação da Sabedoria de Deus em Jesus Cristo, que deve ser empreendida a cada vez de novo.

A teologia sistemática, portanto, quando aprofundada pela Palavra de Deus, deve estar disposta a adquirir novas experiências, ou melhor, a facilitar uma linguagem que corresponda à realidade dos seres humanos onde quer que exerçam sua fé.

É por isso que Paul Tillich corrige Schleiermacher e afirma que

> *"a teologia sistemática não é uma disciplina histórica, mas é uma tarefa construtiva. Ela não nos diz o que as pessoas pensavam sobre a mensagem cristã no passado; antes, tenta darnos uma interpretação da mensagem cristã que seja relevante para a situação atual".*[71]

Para Tillich, a teologia sistemática é uma teologia que responde às questões situacionais implícitas com a força da mensagem eterna e com os meios que a situação fornece.

Consequentemente, Tillich aplica o método de correlação que relaciona as respostas da mensagem cristã às questões do pensamento moderno em ambas as direções. Além disso, a adaptação dessa correlação aumentaria, tanto quanto

---
[71] Tillich, Teologia Sistemática, 67.

possível, as áreas de contato com o pensamento contemporâneo.

Com a legitimidade como *theologia viatorum*, ela está sempre avançando e buscando novos contextos com uma nova linguagem, no entanto, fiel à sua mesma essência. Relacionar-se com uma única filosofia, não a satisfaria, por esta razão busca uma relação com outras ciências humanas, inclusive com as ciências naturais e também com a vida intelectual em geral, como a poesia, e a literatura contemporânea.

É claro que a teologia enfrenta o perigo de ignorar seus limites ao procurar relacionamentos tão amplos na sua função produtiva. O perigo está em cair numa fé de idealização, sucumbindo às suas fontes. A única saída é lembrar sua função reprodutiva, enquanto exerce sua função produtiva. Durante esta travessia, deve ser lembrada que o Evangelho sempre será um escândalo para o mundo - no mundo, mas não do mundo.

Por outro lado, seria um erro enunciar a teologia como ideologia só porque ela funciona com certas premissas filosóficas. Tais premissas são inevitáveis para qualquer teologia. Os teólogos como qualquer outro cristão, possuem ideias pré-concebidas, deduzidas da soma de experiências vividas que atuam como um filtro de conhecimento seletivo.[72]

---

[72] Libânio and Murad, Introdução, 337.

O que é Teologia?

No caso de uma certa filosofia se tornar a resposta definitiva da teologia e a teologia ser apenas pergunta, então se poderia falar de uma teologia idealizada. A relação pergunta-resposta entre teologia e filosofia não é intercambiável.

Correlação significa corresponder as respostas às perguntas. Assim, a função produtiva da teologia é necessária para completar a função reprodutiva. Sem isso, ela se transformaria num tradicionalismo simples e, sem a existência da função reprodutiva, a função produtiva seria reduzida a um simples modernismo.

Alguns métodos de evangelização e modelos de missão foram feitos sem levar em conta a tarefa hermenêutica. Isto têm gerado uma mensagem simplista para o evangelismo, e por isso, a Palavra de Deus é conduzida a tornar-se *logos asarkos* (uma palavra não encarnada), resultando numa frágil comunicação do Evangelho.

A Igreja deve ser uma comunidade hermenêutica e a teologia deve servi-la desde esta perspectiva de interpretar as verdades da fé como realidade eterna a serviço da realidade histórica.

O objetivo da tarefa teológica é colocar cada aspecto da vida e cada aspecto da missão da Igreja sob a soberania do Senhor Jesus Cristo em uma situação concreta. Ao fazê-lo, os teólogos serão fiéis às tradições vitais da Igreja do Novo Testamento, à fé apostólica, e, aos reformadores ao longo dos séculos.

Ao enfrentar o desafio de relacionar o conteúdo da fé com os contextos históricos, Stephen Bevans, em Modelos de Teologia Contextual, enfatizou cinco modelos que podem ser aplicados à tarefa teológica.

A clareza de Bevan ao apresentar os modelos torna indispensável compreendê-los no contexto do ensino teológico neste viés de ver a teologia como sabedoria de Deus.

Por esta razão, estes modelos podem ser resumidos e apresentados nos seguintes postulados:

O modelo de tradução.

De acordo com Bevans, o modelo de tradução parte do pressuposto de que a mensagem do Evangelho é imutável e que a cultura e os padrões sociais de mudança constituem "veículos para essa deposição essencial e imutável da verdade".[73]

A tarefa da teologia nesse modelo é sempre fazer uma tradução dos significados dos sistemas de aprendizagem cristãos nos diferentes contextos. Para este modelo, consideramos a mensagem essencial do cristianismo como supra cultural, isto é, o conteúdo da mensagem é "puro Evangelho".[74]

---

[73] S. Bevans, Models of Contextual Theology, New York: Orbis Books, 2002, 31.
[74] S. Bergmann, God in Context: A Survey of Contextual Theology, Aldershot, Hampshire: Ashgate Publishing, 2003, 88.

Bergmann afirma sobre esse modelo que apesar de seu objetivo teológico de interpretar o encontro entre o Evangelho e a cultura, dá à cultura um significado inferior diante do Evangelho, e busca colocar o Evangelho como norma da cultura.[75]

O modelo antropológico.

O modelo antropológico. No modelo antropológico, a experiência humana é colocada no centro. O teólogo faz uso de métodos antropológicos sociais e culturais. A interpretação da vida ocorre em estreita ligação com a conceituação simbólica da visão de mundo e da religião de um grupo étnico.[76] De acordo com Bevans, o ser humano é visto como o lugar da revelação e uma fonte de teologia.[77] A revelação ocorre na cultura.

Um teólogo que trabalhar antropologicamente tratará das condições da vida humana, e das questões de interesse humano, individual e social de modo radicalmente sério.

A crítica que é feita por Bevans a este modelo consiste na falta de um pensamento crítico, no mesmo, e pela sua tendência a inclinar-se para um certo "romantismo cultural".[78] Ele pergunta

---
[75] Bergmann, God in Context, 88.
[76] Bergmann, God in Context, 89.
[77] Bevans, Models, 26.
[78] Bevans, Models, 53.

se ainda é possível encontrar uma situação em que as origens do Evangelho se afastem de uma certa cultura particular. Já Bergmann, é mais positivo quanto a este modelo:

> *"O conceito de formação de intercultura e contextualização gramaticalmente constituem construções verbais. Há um sentido mais profundo a ser expresso devido a causa contextual da teologia, não através de substantivos ou adjetivos, mas através de construções verbais e preposições consistentes. Deus se acultura no mundo de um povo: o Filho e o Espírito Santo se contextualizam e se tornam carne habitando em diferentes seres criados em situações únicas por causa do mundo. Para a teologia contextual, Deus é Deus em função – um Deus que age.*[79]

O modelo da práxis.

O modelo da *práxis* é central na teologia social ocidental. Dentro da teologia, essa noção foi desenvolvida, sobretudo, nas teologias da libertação, tanto latino-americana, quanto outras do mundo do sul, no movimento de missão integral, na teologia negra, teologia feminina, teologia pública e na teologia política européia – e ainda nas várias propostas de teologias práticas.

---

[79] Bergmann, God in Context, 91.

Bevans enfatiza a teologia da libertação como uma interpretação meritória da revelação e ele é de opinião que isso está de acordo com a abordagem da teologia clássica.[80] Sobre este modelo Bergmann observa:

> *"A propagação da leitura da Bíblia, a doutrina da salvação e a importância da estrutura do tema da libertação, bem como a discussão sobre a justiça, os debates e a relevância da teologia podem indicar isso".[81]*

O modelo sintético.

A respeito desse modelo, Bevans, menciona com um quarto modelo de teologia contextual – conhecido como "modelo sintético". Este modelo visa equilibrar os insights dos três modelos anteriores e tentar encontrar um caminho intermediário.

Bevans localiza o modelo de tradução do lado do Evangelho e o modelo antropológico e práxis ao lado da cultura. O modelo sintético, logicamente, é posicionado num caminho entre os dois pólos.[82]

É salutar e necessário, para um modelo construtivo de teologia, assumir e defender um paradigma que tenha a meta de abraçar a totalidade

---
[80] Bevans, Models, 92.
[81] Bergmann, God in Context, 92.
[82] Bevans, Models, 86.

dos valores desses modelos de contextualização. Isso implica, por um lado, que eles não são opcionais, de modo que não se pode escolher um e negligenciar os outros, e por outro lado é bom notar que a síntese não é uma cor cinza "entre", mas uma síntese real de diferentes aspectos – um tecer em conjunto, um *complexus*.

Portanto, prefiro falar sobre os aspectos do processo hermenêutico para o conceito de modelos, porque este último é facilmente visto como uma abordagem independente, quando na verdade deveria ser – interdependente.

O modelo transcendental.

De forma assertiva, quanto a metodologia teológica, Bevans distingue um quinto tipo - o modelo transcendental.

Este modelo é moldado dentro do quadro da filosofia transcendental que remonta a Immanuel Kant, o qual construiu uma teoria afim de constituir uma cosmovisão nova quanto a teoria do conhecimento no Ocidente.

Este modelo tem quatro características.

Em *primeiro lugar*, a teologia contextual, que usa esse modelo, está menos interessada na questão de como moldar uma teologia particular, mas está interessada na atividade de produzir teologia.

Em *segundo lugar*, a teologia transcendental não é nem exclusivamente privada nem subjetiva.

Uma *terceira* característica diz respeito à revelação. A revelação neste modelo não é algo que ocorre "lá fora", mas ocorre na experiência subjetiva que um ser humano faz em relação ao mundo ao seu redor. Assim, a teologia só se torna possível para a pessoa que se converte e crê.

Uma *quarta* característica deste modelo é a suposição de que a razão humana, apesar de todas as diferenças cultural e historicamente condicionadas, funciona de maneira semelhante diante de todas questões, em todos os momentos e em todos os lugares.

Na verdade, este modelo tem pouco a ver com hermenêutica e a contextualização, porque está interessado apenas no sujeito cognoscente e não na história como realidade e nem em todo o processo da construção. Na verdade, ele se fecha na comunidade dos crentes, no tempo e no espaço, porque o tempo e o espaço são apenas categorias da mente humana.

Uma hermenêutica cristã que está interessada na comunicação das verdades eternas para os membros da sociedade humana, não pode trabalhar com este modelo.

d. Função prática

Teologia é a teoria da *práxis* eclesiástica. Esta função nos envia às realidades eclesiásticas e pastorais da teologia. O ensino teológico não é viável sem uma perspectiva sobre a práxis, igualmente a prática cristã não tem futuro sem uma saudável teologia. Sem ação não há Igreja, mas também não há práxis viável sem reflexão teológica.[83]

A doutrina não se opõe à prática, mas ambas são essenciais e necessárias.[84] Casiano Floristán[85] afirma que "precisamente por termos separado tanto a função doutrinal, fomos levados a uma função doutrinária sem nervos pastorais e a uma ação pastoral sem prática teológica".[86] Esta inter-relação não está presente em toda teologia, e é muito importante perceber isso. Floristán diz:

> *Claro que nem tudo que é dado um selo teológico [de aprovação] é de fato teologia. Introduzindo a razão e a filosofia excessivas ou equivocadas, certas teologias tornaram-se realmente metafísicas religiosas... a formulação da mensagem como doutrina pode ser tão abstrata que não serve a nenhuma ação pastoral.*[87]

---

[83] Dias, Doutrina Divide, 80.
[84] C. Floristán, Teología Práctica: Teoria y Praxis de la Acción Pastoral, Salamanca: Sigueme, 1998, 149
[85] Teólogo espanhol (nascido em 1926), padre in 1956 and doutor pela Universidade de Tübingen (1959), devotou-se ao ensino na Universidade de Salamanca especialmente em teologia pastoral.
[86] Floristán, Teología Práctica, 149.
[87] Floristán, Teología Práctica, 149.

O que é Teologia?

Não é boa a possibilidade de pensar Fé e Doutrina sem Vida e Trabalho. Na função prática da teologia, os cristãos adquirem consciência do que têm feito e do que precisam fazer. Nesta função, afirma D. Denis, a teologia "realiza o amadurecimento da pastoral na Igreja".[88] A respeito disso, há uma declaração do teólogo católico José Comblin que é muito perturbadora para os teólogos reformados: "A Reforma quis purificar a Igreja dos pecados de cumplicidade com a política e todas as suas corrupções. Rejeitou uma Igreja de mãos sujas, mas fez uma Igreja sem mãos."[89]

Ele acusa os Reformadores de terem pregado um evangelho individualista e de suprimir a solidariedade entre os pecadores e as pessoas justas. Infelizmente, os protestantes têm pregado uma mensagem aos indivíduos e não às pessoas – foi o que Comblin quis dizer.[90] Essa voz que vem de um teólogo de libertação, desafia, com razão, a Teologia Sistemática a se comprometer metodologicamente em libertar a teologia de apresentar-se apenas com uma única função - a especulativa. E convoca para uma teologia viva, como sabedoria, a ser envolvida na vida, seja dentro da igreja – a igreja nuclear, - quanto na vida da igreja no mundo – a igreja extendida.

---

[88] Floristán, Teología Práctica, 150
[89] J. Comblin, O Tempo da Ação: O Espírito e a História, Petrópolis: Vozes, 1982, 176.
[90] Comblin, O Tempo da Ação, 179.

Praxis ("agir" e "executar") tornou-se uma metodologia teológica na teologia latino-americana, como um novo paradigma de teologia. Desenvolve uma hermenêutica que toma como ponto de partida o contexto social. A situação em que vivem os seres humanos em suas lutas e conflitos sociais, econômicos e espirituais, tem sido tomada como foco de reflexão e prática teológica.

Uma teologia que exista sem levar em conta essa realidade é como o sacerdote e o levita da parábola do Bom Samaritano. Sua teologia não pode ser uma boa teologia, porque carece da *práxis* da compaixão – uma teologia sem o outro, não é uma teologia cristã.

Os teólogos da libertação são profundamente tocados pela realidade social, e isso precisa ser visto corretamente. O erro está em ver a realidade social, sem relacionar com as fontes da teologia e da Igreja.

A teologia deve sempre considerar séria a tradição da igreja, precisamente porque ela funciona com uma postura crítica diante da realidade apresentada.

Um dos clássicos teólogos latino americano, Gustavo Gutiérrez afirmou que a teologia em sua tradição clássica tem um valor permanente, apesar de todas as deformações que sofreram ao longo dos séculos.

O que é Teologia?

Gutiérrez propõe uma reflexão crítica da *práxis* histórica à luz da Palavra, não substituindo as outras funções da teologia, mas, ao contrário, precisando delas. No entanto, ele redefine as outras funções, motivando-as a ter "a práxis histórica mais explicitamente como ponto de partida e como contexto".[91]

A teologia afirma que a Igreja é um sinal do Reino de Deus e da bandeirada deste Reino que está a chegar. Isso implica uma responsabilidade ética diante de Deus e diante da sociedade humana. O mundo precisa ouvir, mas também que ver o que está sendo proclamado.

As igrejas não podem se transformar em clubes de autossatisfação, proclamadores de uma graça barata, como disse Dietrich Bonhoeffer, onde se limitam anunciar um "evangelho" que dá tudo sem exigir nada – um discipulado sem compromisso mediocriza a fé.

Jürgen Moltmann apontou para um tipo de Igrejas europeias que prega como se fosse um supermercado, onde os preços são baixos e todos os tipos de bens a serem degustados são oferecidos. Moltmann acusou os mercados religiosos onde as pessoas, em vez de terem suas vidas mudadas, mudam suas congregações, buscando o que mais gostam. Na competição do mercado religioso - "o vendedor, como em qualquer outro

---

[91] Núñez, Teologia de la Liberación, 130-133.

mercado, é aquele que oferece aos compradores o preço mais barato e mais atraente."[92]

Infelizmente, nos países do Sul esta realidade também é visível e crescente. Isto exige uma resposta profunda da educação teológica contemporânea, bem como dos púlpitos eclesiásticos. Isso significa que o ensino teológico não deve comprometer o compromisso estabelecido pela revelação de Deus nas Escrituras.

Nesta situação, a função de *anamnese* é altamente relevante para a função da *práxis*. A teologia, de acordo com a perspectiva reformada, deve criticar constantemente o contextualismo - o perigo de colocar as necessidades como fontes de pregação absolutas, transformando a teologia em função dos desejos humanos.

Há um critério para a prática, que deve ser baseada no propósito de Deus revelado em Jesus Cristo. O contexto não é o critério da teologia. É necessário tocar a vida onde ela age, mas de acordo com a Revelação de Deus. Há uma profunda diferença entre contextualização e contextualismo, assim como entre Tradição e tradicionalismo. Entre saber muito e sabetudismo.

Cresce cada vez mais na consciência teológica, a convicção de que o Evangelho tem duas asas: revelação e ética, teoria e prática, vida e

---

[92] J. Moltmann, The Power of the Powerless, San Francisco: Harper & Row, 1983, 160-161.

ação, espiritualidade e história, teologia e cultura, fé e direitos humanos, erudição e piedade (*eruditio et pietas*).

O grande perigo da tarefa teológica tem sido o cair nos reducionismos, privilegiando uma função em detrimento de outras que igualmente são essenciais.

Eugenio Araya salienta a importância de mantê-las juntas, questionando o seguinte:

> *A teologia não trai sua função racional quando cai no sensacionalismo e no marketing, quando não usa argumentos, mas apenas agitação, quando julga sem base, quando pensa em alternativas como se fossem branco ou preto, e em frases já feitas, quando se deleita com paradoxos e formas de argumentar buscando somente causar efeitos surpreendentes, quando parte de juízos prévios falsos - prejuízos e não o juízo prévio de seu conteúdo, quando já não se interessa em aumentar seus conhecimentos, mas simplesmente os recita com pomposidade?*[93]

Por outro lado, a teologia não esquece sua função existencial quando cai no estilo neutro desagradado, no dogmatismo do método, numa ciência supersticiosa e no racionalismo, quando se torna dependente de um conceito científico?[94]

---

[93] Araya, Introducción, 18.
[94] Araya, Introducción, 18.

Não se esquece de sua íntima relação existencial com Deus e de sua função de resumir organizando, quando extrai determinados assuntos de seu conjunto para estudá-los separadamente, quando degenera em sua especialização limitante e se presta para hiper acentuar aspectos parciais da mensagem bíblica como se fossem princípios teológicos fundamentais?[95]

Se a teologia só tem como verdade, o que as pessoas podem experimentar na vida real, como ser rentável, prático, social e útil este método se deteriora em uma teologia consumista e pragmatista.

E, por outro lado, se for privilegiado apenas uma teologia conservadora, que venha a deixar sua função produtiva, mergulhando em seu romantismo doutrinário confessional, por vezes muito sentimental, ligando-se de forma subserviente ao tradicionalismo herdado, sem, no entanto, criticá-lo, torna-se fóssil e obsoleta.

Uma teologia que, infelizmente, converta a verdade em herança preservada magicamente, sem mostrar a coragem e a ousadia de ser *semper reformanda et vivendo* (sempre reformada e viva), enquanto se purifica, de forma transformadora em sua caminhada rumo ao Reino de Deus, terá pouca ou nenhuma eficácia na sociedade dos seres humanos, onde é chamada a libertar os cativos.

---

[95] Araya, Introducción, 19.

O que é Teologia?

Uma teologia que não caminha como um evento de Deus, empobrece sua tarefa e é infiel ao seu chamado, mantendo uma linguagem teológica indecifrável para as pessoas contemporâneas, respondendo a perguntas que os seres humanos atuais nem sequer fazem, e possivelmente nunca mais farão.

Outro ponto que precisa ser abordado é o fato de em muitos seminários e universidades teológicas, se produzir uma teologia de professores de teologia para professores de teologia – uma teologia de gueto teológico - e não a teologia para o povo de Deus.

Este é um tipo de teologia de si para si, e nunca de si para o outro, ou melhor ainda, de todos para com todos. Ela normalmente fala somente de si mesma ou de sua escola teológica, deixando de lado sua função produtiva nos contextos novos, convertendo seu trabalho simplesmente em uma coleção de citações do passado.

Por outro lado, uma teologia que prioriza o contexto sem se basear na riqueza histórica da fé se deteriora em ideologia socioeconômica e, pior ainda, em partidos sectários. Esta distorção comumente tem afetado a educação teológica e, ao mesmo tempo, tem afastado as pessoas da teologia, criando um fosso entre a educação teológica e a Igreja.

Quando cresce o abismo entre teoria e vida, entre piedade e academia, aumenta a desconfiança quanto a atividade teológica. Carecemos a cada dia superar uma educação teológica que foi reduzida a simples ciência de religião, ideologia ou sociologia da religião, ou ainda, simples libertação econômica.

A teologia deve ser tradicional e contemporânea ao mesmo tempo; cristocêntrica e dialógica; teórica, científica e prática e transformissional; pastoralmente comprometida com a memória da fé e com sociedade contemporânea, fiel ao chamado em sua missão profética. Resumidamente, uma teologia séria, assertiva e proativa, portanto, intelectual e serva, ao mesmo tempo cognitiva, constitutiva e efetiva.

Uma teologia que sempre expresse uma perspectiva rememorativa, reflexiva e prospectiva, portanto, que integre o passado o presente e o futuro. Que celebre com gratidão a memória da fé. Que se engaje de forma comprometida no espaço e no tempo com sua missão. E, que se entregue ao urgente chamado da *parousia*.

A tarefa teológica consiste, ao mesmo tempo, em ser cada dia mais fiel à sua memória histórica, fiel ao seu chamado em Jesus Cristo e fiel à sua esperança de Reino.

Sua permanente tarefa está em lembrar e proclamar à Igreja de Jesus Cristo que ela tem uma missão no mundo e um destino eterno, razão pela qual o encargo teológico da Igreja do Senhor é um chamado e um desafio permanente que precisa ser respondido com devoção, humildade e fé.

A teologia se constitui, assim, um projeto de Deus, cuja tarefa permanente acontece na vivência da Igreja cristã, como uma comunidade hermenêutica que tem recebido como responsabilidade uma missão-destino em expansão, que deve ocorrer de acordo com seus postulados de fé, registrados nas Escrituras, que opera como *norma normans*.

O desafio da teologia é ser sabedoria de Deus. E como tal, seus postulados devem ser praticados de tal forma que possa servir melhor essa tarefa – glorificar a Deus, ao falar dEle em sua presença e por um mundo melhor – *"na terra como no céu"*.

Argumentamos que as funções da teologia não podem ser isoladas e que nenhuma delas pode ser praticada à custa uma da outra. Somente assim exorcizará os fatores entrópicos que tem paralisado consciências. Mas, isso requer um desenvolver de competências, habilidades e atitudes específicas dos teólogos, especialmente em um tempo de desafios sociais, num mundo em mudanças. Momento que tem deixado pessoas em profundas incertezas, numa crescente falta de sentido – sentindo como pródigos numa terra distante. Voltar para o abraço do Pai, eis a estética da vida.

Eis a teologia em seu desafio de trazer como sua tarefa, não apenas um crescimento cognitivo, mas ao mesmo tempo e de forma crescente, o constitutivo transformativo de Jesus Cristo, sabedoria de Deus. Somente assim a eficiência, a eficácia e o efetivo serão vitais e visíveis, impulsionando para a *missio Dei*.

CAPÍTULO 3

Por uma Teologia a Caminho[96]

A TEOLOGIA É E SEMPRE será uma tarefa a caminho – pois não é linha de chegada, mas travessia a prosseguir rumo ao Reino de Deus.

É uma viagem por caminhos aplanados por Deus, com uma força especial vinda de Seu Espírito e em direção a Cristo. *"Bem-aventurados os seres humanos cuja força está em ti, em cujo coração se encontram os caminhos aplanados"* – proclama o Salmo 84:5.

Este texto nos mostra que somos um campo de operação celestial. Eis o desafio, enquanto estamos sendo formatados por dentro, estamos a

---

[96] Transcrição por Elidiane A. Mattos da aula ministrada em 08/04/2013. Texto Revisado pelo Autor.

caminho do equilíbrio e da sabedoria, como um modo de viver.

O andar teológico é um andar pelos territórios do sagrado, de um viver significativo. Deveríamos, portanto, ter consciência de que o melhor é caminhar de pés descalços diante do *fascinum tremendum* da glória de Deus.

"Até o pardal encontrou casa, e a andorinha ninho para si, onde crie os seus filhotes; eu, os teus altares, Senhor dos exércitos, Rei meu e Deus meu!" (v.3), - de novo a verdade assertiva da teologia como sendo um andar com Deus. *"Passando pelo vale árido, faz dele um manancial; de benção o cobre a primeira chuva"* (v. 6), – teologia é passar pelas aflições e descobrir o supremo propósito de Deus, enquanto a missão é realizada com a esperança de transformação no presente, com ecos eternos.

O caminho teológico será sempre um caminho de humildade, um trilhar com coração quebrantado e contrito. O Apóstolo Paulo é nosso grande exemplo, seu caminhar crescente foi o de descer para servir melhor: começou afirmando ser o menor dentre todos os Apóstolos. Anos depois, escreveu aos Coríntios, declarando ser o menor dentre todos os santos. Finalmente, concluiu sua carreira, dizendo ser o principal dos pecadores - *"Jesus veio para salvar os pecadores dos quais eu sou o principal"* – um crescimento desde o reverso do comumente conhecido. Por isso a sublime afirmação teológica do Salmo 84, *"de bênçãos o cobre a primeira chuva"*.

Desde este lugar, falamos com Deus e sobre Deus. Com alegria crescente de novo dizemos, o teologizar é um falar de Deus, na presença de Deus e para a Glória de Deus.

Devemos ter consciência de que o falar sobre Deus é um desafio complexo e limitado. Somos limitados por nossa humanidade e nossa linguagem é pobre. Por isso, por vezes, nosso falar teológico está mais carregado de equívocos do que unívocos.

Um exemplo para entender a diferença entre um equívoco e um unívoco, é a afirmação "Deus é amor". É na verdade um unívoco, pelo fato de Deus ser realmente amor, mas também equívoco se esse amor for entendido a partir da ideia de amor de quem profere a frase.

A falta de humildade abre uma armadilha – há o perigo de achar que tudo o que os outros pensam e ensinam são equívocos. Esse orgulho narcisista teológico faz muito mal à teologia – como se tudo o que ele próprio ensina é sempre unívoco – carecemos sempre de novo da humildade que é terapêutica.

Veja o seguinte, uma pessoa pode dizer crer em Deus, e isso ser um equívoco, pois na verdade crê num Deus ideia, fruto de sua concepção pessoal. Enquanto outro nega Deus como ideia, e isso é também equívoco, pois Deus não é uma ideia, é uma pessoa, um Tu que chama para relacionamento.

A teologia cristã busca nos libertar dos equívocos do crer. A partir da revelação em Jesus Cristo somos convidados a univocidade do Verbo encarnado.

Por essa razão a linguagem é algo muito importante, e ao mesmo tempo, complexa na teologia, (complexa no sentido de tudo junto, tecido em redes), e é por isso que é uma teologia *viatorum* – sempre a caminho.

Na teologia a fé é trabalhada tanto como conteúdo, quanto como experiência. A isto a teologia chama de *fides qua creditur* e *fides quae creditur*. Para se entender rapidamente a diferença, trata-se de fé objetiva (*fides quae creditur*) ou a crença no que se crê (crença geral, crença como um conteúdo). Ou, fé subjetiva (*fides qua creditur*), que é a fé pessoal pela qual se crê. Ou crença que produz a fé ou a fé que responsabiliza cada um pessoalmente, a fé como ato de crer confiando.

Teologia como sabedoria, integra ambas. *Erudito et pietas* – erudição e piedade. Conteúdo intelectual e vida de oração. Concordo com Karl Barth ao afirmar: *"A oração sem estudo seria vazia. O estudo sem oração seria cego".*[97]

---

[97] Barth, Karl. Introdução a Teologia Evangélica, São Leopoldo: Sinodal, 1996. p. 108.

Estudo, oração e fé. Fé tem a ver com três palavras latinas, *notitia, assensus e fidúcia*. Melanchthon, o teólogo reformador, diferenciou três etapas da fé, em correspondência aos três conceitos tradicionais da fé em Deus: uma pessoa pode ter fé tipo *notitia* (conhecer), por exemplo crer que Deus existe (*credere Deum*); outros avançam para um tipo de fé *assensus* (reconhecer), por exemplo crer a respeito de Deus (*credere Deo*); e finalmente aqueles que tem fé tipo *fidúcia* (confiança), por exemplo crer confiando e se entregando a Deus.

Dizendo noutras palavras, a fé *notitia* é uma fé apenas de conhecer como com uma notícia. A fé *assensus* é uma fé que assentou na mente, é crer conteúdos sobre Deus, fruto do estudar sobre Deus, envolve a intelectualidade. A fé *fidúcia* é crer confiando em Deus, é uma fé como entrega – somente essa fé é salvadora, fruto da graça de Deus, dom de Deus, obra do Espírito Santo. *"Não vem de vós, é dom de Deus"*. (Efésios 2:8).

A teologia tem a ver com a fé. Com a fé crescente. Fé como sabedoria integra a totalidade do ser. É fé que nos toca de forma incondicional. Isso pode ser encontrado na aula que Jesus, que após ressuscitado, ministrou no caminho de Emaús. Havia naqueles dois discípulos – registrado em Lucas 24.13-35 uma teologia articulada de maneira equivocada. Eles estavam tristes, desanimados, afastando-se do propósito de Deus em Cristo. A hermenêutica deles os levava para a noite escura de Emaús. Mas o encontro com o ressuscitado, os colocou em harmonia com o supremo propósito de Deus e mudou o destino de suas vidas.

Observe que a *notitia* da ressurreição não foi suficiente, por isso Jesus Cristo lhes dá uma aula de teologia exegética/hermenêutica como nenhuma outra jamais ministrada na história e a fé *assensus* (reconhecer) entra em operação.

Então, de repente, seus olhos são abertos e, surpreendentemente, são alcançados por uma fé salvadora (*fidúcia*). Eles têm um fabuloso, real e indescritível encontro com o ressuscitado.

A partir de então suas vidas jamais seriam as mesmas – suas teologias ganharam forma de sabedoria. Uma nova motivação, um novo caminho, um novo sentido de vida.

Declaram que ouviram um tipo de teologia que fazia arder o coração – mais clara do que o sol do meio dia. Essa teologia chegou para ficar, era o tempo novo assumindo a história humana. Ao invés da noite escura de Emaús, experimentam o radiante dia da ressurreição. O agora é tarde, o dia declina, transforma-se em manhã radiante que brilhou para sempre – Cristo vive.

Por causa do ressuscitado, eles são possuídos por aquilo que toca os filhos de Deus de forma incondicional – a graça divina ilumina suas vidas e energiza a alegria e a esperança rumo a uma missão e um destino.

Quando entendemos essa graça revelada em Cristo, encontramos a estética do coração de Deus. Teologia é, portanto, estar no território do amor e da beleza divina - a beleza incomensurável de Deus. Note, não apenas estar diante da beleza de Deus, mas estar dentro da beleza ilimitada de Deus. E isso somente é possível com uma incondicional entrega que nos faz participar com todo o nosso ser.

Essa é a paixão seduzida pela razão que gerou a teologia, como fé e amor em ação. Toda fé gera amor, o amor é o ato da fé. Portanto, o amor é fé que age. Como afirma Barth: *"O labor teológico destituído de amor – mesmo que fosse acompanhado de oração séria, de estudo esmerado e de serviço zeloso – não passaria de mísero combate simulado, ou, de mero trilhar de palha"*.[98]

Essa é a teologia que faz arder o coração. Lógica em chamas!

---

[98] Barth, Karl, Introdução a Teologia Evangélica, São Leopoldo: Sinodal, 1996. p. 1024.

Bibliografia

Geral

ALFARO, Juan. *Revelación Cristiana: Fe y Teología,* Salamanca: Sígueme, 1985.

ALVES, Rubem. *Towards a theology of liberation: An Exploration of the Encounter Between the Languages of Humanistic Messianism and Messianic humanism,* Ph. D. dissertation, Princeton Theological Seminary, May 1968.

_____*Theology of Human Hope,* Washington: Corpus Books, 1971.

AQUINAS, Thomas. *Summa Theologica,* Madrid: Biblioteca de Autores Cristianos, 1990.

ARAUJO, João Dias. Imagens de Jesus Cristo na Cultura do Povo Brasileiro. In: MARASCHIN, Jacy. *Quem é Jesus Cristo no Brasil?* São Paulo: ASTE, 1974, 39-54.

ARAYA, Eugenio. *Introduccíon a la Teología Sistemática,* Santiago: CTEC, 1983.

AUGUSTINE. Homily in John 27,9, *Homilies on the Gospel according to John and his first letter,* translation by H. Brown, A Library of the Fathers of the Holy Catholic Church Anterior to the Division of the East and the West, Oxford: Parker/ London: F. and J. Rivington, 1848._

BARTH, Karl. *The Epistle to the Romans,* London: Oxford University Press, 1933.

_____*Church Dogmatics*, Edinburgh: T. & T. Clark, 1956-1981.

_____*Fides Quaerens Intellectum: Anselms Beweis der Existenz Gottes* (1931), Zurich, 1958.

_____*Dogmatics in Outline*, New York: Harper & Row, 1959._____

_____*Einführung in die evangelische Theologie*, Zürich: EVZ Verlag, 1962.

_____*Dádiva e Louvor: Artigos Selecionados*, São Leopoldo: Sinodal, 1986.

_____ *Evangelical Theology: An Introduction*, Grand Rapids: Eerdmans, 2000.

_____*Carta aos Romanos*, São Paulo: Novo Século, 2003.

_____ *Fé em Busca de Compreensão (Fides Quaerens Intellectum: Anselms Beweis der Existenz Gottes)* [1931], São Paulo: Novo Século, 2003.

_____*Credo: Comentário ao credo apostólico*, São Paulo: Novo Século, 2005.

_____*Esboços de uma Dogmática*, São Paulo: Fonte Editorial, 2006.

_____*Introdução à Teologia Evangélica*, São Leopoldo: Sinodal, 2008.

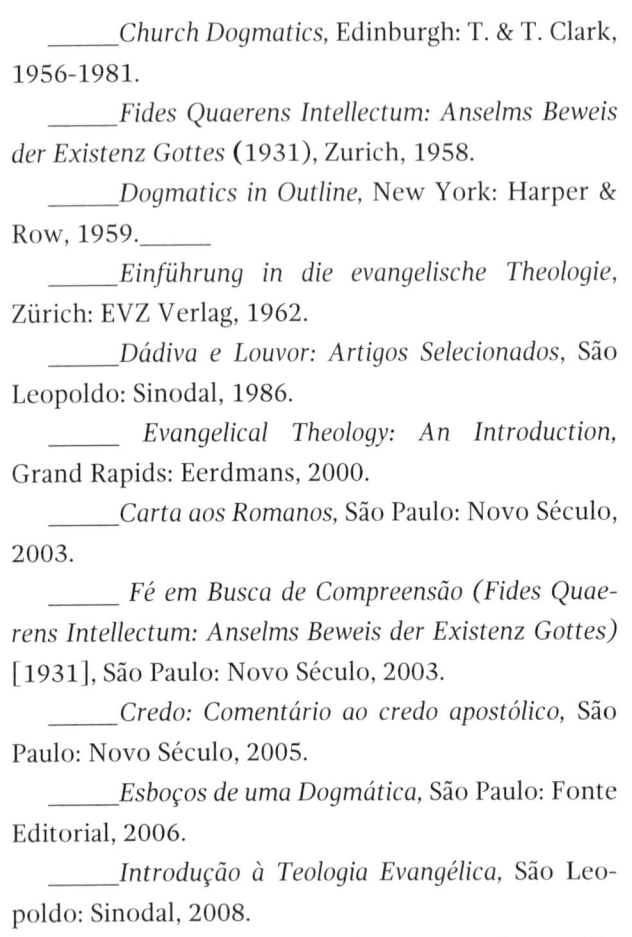

BAVINCK, Herman. *Teologia Sistemática*, São Paulo: Socep, 2001.

BELL, George K. Allen. *The Stockholm Conference 1925*. London: Oxford University Press, 1926.

BERGMANN, Sigurd. *God in Context: A Survey of Contextual Theology*, Burlington: Ashgate Publishing, 2003.

BERKHOF, Hendrikus. *Christian Faith: An Introduction to the Study of the Faith,* Grand Rapids: Eerdmans, 1985.

BERKHOF, Louis. *Teologia Sistemática* [1949], São Paulo: Cultura Cristã, 2001.

BEVANS, Stephen B. *Models of Contextual Theology,* New York: Orbis Books, 2002.

BLOCH, Ernst. *Das Prinzip Hoffnung,* Frankfurt: Suhrkamp, 1959.

_____*The Principle of Hope.* 3 vols., Cambridge MA: MIT Press, 1986.

BOEHNER, Philotheus & GILSON, Ethiene. *História da Filosofia Cristã,* Petrópolis: Vozes, 2003.

BOFF, Clodovis. *Teologia e Prática: Teologia do Político e suas Mediações,* Petrópolis: Vozes, 1978.

_____ *Teoria do Método Teológico.* Petrópolis: Vozes, 2007.

BOFF, Leonardo & BOFF, Clodovis. *Da Libertação Libertação: O Sentido Teológico das Libertações Sócio-Históricas,* Petrópolis: Vozes, 1982.

_____*Como Fazer Teologia da Libertação,* São Paulo: Vozes, 1986.

BOFF, Leonardo. As Imagens de Cristo Presentes no Cristianismo Liberal do Brasil. In: MARASCHIN, Jacy. *Quem é Jesus Cristo no Brasil,* São Paulo: ASTE, 1974, 11-38.

_____*Fé na Periferia do Mundo,* Petrópolis: Vozes, 1979._____

_____*Teologia do Cativeiro e da Libertação,* Lisboa: Multinova, 1976._____

_____BOSCH, David J. The Nature of Theological education. In: *Theologica Evangelica* 25 (1), 1992, 8-23.

BRAVO GALLARDO, Carlos. *Jesús, Hombre en Conflicto*, México: CRT, 1988.

BROMILEY, Geoffrey William. *Introduction to the Theology of Karl Barth*, Grand Rapids: Eerdmans, 1979.

BROWNING, Don S. *Practical Theology*. San Francisco: Harper & Row, 1983.

BRUNNER, H. Emil. *Dogmatics: The Christian Doctrine of God*, Vol. 1,. Philadelphia: Westminster, 1950.

_____*Teologia da Crise*. São Paulo: Novo Século, 2004.

_____*Dogmática: A Doutrina Cristã de Deus*, São Paulo: Novo Século, 2004.

_____*O Escândalo do Cristianismo*, São Paulo: Novo Século, 2004.

_____*O Equivoco da Igreja*, São Paulo: Novo Século, 2004.

CALVIN, John. - *Institutes of the Christian Religion*, Philadelphia: Westminster Press, 1960.

_____*True Christian Life*, Grand Rapids: Baker Book House, 1952.

_____*Institutes of the Christian Religion*, [1536] (transl. by Ford Lewis Battles), Grand Rapids: Eerdmans, 1986

CANO, Melchior. *De locis theologicis*, Salamanca: M. Gastius, 1563.

CHAFER, Lewis Sperry. *Teologia Sistemática,* São Paulo: Hagnos, 2003.

CLEMENT of Alexandria, *Stromata* V,1, in the translation by William Wilson, Ante-Nicene Fathers, Vol. 2. Edited by Alexander Roberts, James Donaldson, and A. Cleveland Coxe. Buffalo, NY: Christian Literature Publishing Co., 1885.

CLEMENTS, Ronald. *Wisdom in Theology,* Grand Rapids: Eerdmans, 1992.

COMBLIN, José. *O Tempo da Ação: (Ensaio sobre) O Espírito e a História.*,Petrópolis: Vozes, 1982.

CONGAR, Yves M.. *La Tradizione e la Vita della Chiesa,* Roma: Paoline, 1983.

COSTAS, Orlando. *Hacia una Teologia de la Evangelización,* Buenos Aires: Aurora, 1973.

CYRIL of Jerusalem, *Catechetical Lecture* 5,4, translation by Edwin Hamilton Gifford, Nicene and Post-Nicene Fathers, Second Series, Vol. 7. Edited by Philip Schaff and Henry Wace. Buffalo, NY: Christian Literature Publishing Co., 1894.

DEMO, Pedro. *Metodologia do Conhecimento Científico,* São Paulo: Atlas, 2000.

DE SANTA ANA, Julio. *Pelas Trilhas do Mundo a Caminho do Reino.* São Bernardo do Campo: Imprensa Metodista, 1985.

DIAS, Silas Barbosa. *Doctrine Divides, Service Unites – The Universal Christian Conference on Life and Work, Stockholm, 1925.* Geneva: Unigeve, 2001.

DOS ANJOS, Marcio Fabri (org.), *Teologia profissão,* São Paulo: Soter/Loyola, 1996.

DUCH, Lluís. Hermenêutica. In: SAMANES, C. F. & ACOSTA, J. T. (eds.), *Dicionário de Conceitos Fundamentais do Cristianismo*, São Paulo: Paulus, 1999, 326-331.

ECHEGARAY, Hugo. *A Prática de Jesus*, Petrópolis: Vozes, 1984.

FARLEY, Edward. Theology and Practice Outside the Clerical Paradigm. In: BROWNING, Don S. (ed.), *Practical Theology*, San Francisco: Harper & Row, 1983, 21-41.

_____Theologia: The History of a Concept. In: HODGSON, Peter & KING, Robert (eds.), *Readings in Christian Theology*. Minneapolis: Fortress Press, 1985, 1-15.

_____*The Fragility of Knowledge: Theological Education in the Church and de University*, Philadelphia: Fortress Press, 1988.

_____*Theologia: The Fragmentation and Unity of Theology Education*, Philadelphia: Fortress Press, 1989.

FERREIRA, Franklin & MYATT, Alan. *Teologia Sistemática, uma análise histórica, bíblica e apologética para o contexto*, São Paulo: Vida Nova, 2007.

FINNEY, Charles. *Teologia Sistemática*, Rio de Janeiro: CPAD, 2002.

FLORISTÁN, Casiano. *Teología Práctica: Teoria y Praxis de la Acción Pastoral*, Salamanca: Ediciones Sígueme, 1998.

FLORISTÁN SAMANES, Casiano & TAMAYO ACOSTA, Juan José. *Dicionário de Conceitos Fundamentais do Cristianismo.* São Paulo: Paulus, 1999.

FORTE, Bruno. *A Teologia como Companhia, Memória e Profecia.* São Paulo: Paulinas, 1991.

_____*La Iglesia de la Trinidad,* Salamanca: Secretariado Trinitário, 1995.

_____*La Eternidad en el Tiempo,* Salamanca: Sígueme, 2000.

GADAMER, Hans Georg. *Truth and Method,* London: Sheed and Ward, 1979.

GEFFRÉ, Claude. *The Risk of Interpretation: On Being Faithful to the Christian Tradition in a Non-Christian Age,.* New York: Paulist Press, 1987.

GONZÁLEZ, Justo & MALDONADO PEREZ, Zaida. *An Introduction to Christian Theology,* Nashville: Abingdon Press, 2002.

GORRINGE, Timothy J. *Karl Barth Against Hegemony.* Oxford: Oxford University Press, 1999.

GREGORY NAZIANZEN, Oratio XXVII, The First Theological Oration, A Preliminary Discourse against the Eunomians, part III. In: Philip Schaff and Henry Wace (eds.), *The Nicene and Post-Nicene Fathers,* second series, vol. VII: Cyril of Jerusalem, Gregory Nazianzen. Edinburgh: T&T Clark, 1867.

GRUDEM, Wayne. *Teologia Sistemática.* São Paulo: Edições Vida Nova, 1999.

GUTHRIE, Shirley C. *Christian Doctrine,* Revised Edition, Louisville: Westminster/John Knox Press, 1994.

GUTIÉRREZ, Benjamin & CAMPOS, Leonildo Silveira. *Na Força do Espírito: Os Pentecostais na America Latina,* São Paulo: Pendão Real, 1996.

GUTIÉRREZ, Gustavo.*A Força Histórica dos Pobres,* Petrópolis: Vozes, 1982.

_____ *La Verdad los Hará Libres,* Lima: IBC-CEP, 1986.

_____*A Theology of Liberation, History, Politics and Salvation,* Mariknoll (New York): Orbis Books, 2000.

HODGE, Charles. *Teologia Sistemática,* São Paulo: Hagnos, 2001.

HODGSON, Peter C. *God´s Wisdom: Toward a Theology of Education,* Louisville: Westminster John Knox Press, 1999.

HODGSON, Peter C. & KING Robert H. *Readings in Christian Theology,* Minneapolis: Fortress Press, 1985.

HOWELL, Leon. *Fé en Acción,* Ginebra: CMI, 1982.

IANNI, Octavio. *A Era do Globalismo,* Rio de Janeiro: Civilização Brasileira, 2002.

JAEGER, Werner. *Paideia: The Ideals of Greek Culture,* New York: Oxford University Press, 1943.

JIMÉNEZ, David Suazo, *La Función Profética de la Educación Teológica Evangélica em América Latina,* Barcelona: Editorial Clie, 2012.

JOHNSON, Elizabeth A. *She Who Is: The Mystery of God in Feminist Theological Discourse,* New York: Crossroad, 1992.

JONES, Serene. *Calvin and the Rhetoric of Piety*, Louisville: Westminster John Knox Press, 1995.

JUSTIN THE MARTYR, *Apology* I, translated by Marcus Dods and George Reith. Ante-Nicene Fathers, vol. 1, edited by Alexander Roberts, James Donaldson, and A. Cleveland Coxe, Buffalo. New York: Christian Literature Publishing Co., 1885.

_____*Apology* II, translated by Marcus Dods and George Reith. *Ante-Nicene Fathers*, vol. 1, edited by Alexander Roberts, James Donaldson, and A. Cleveland Coxe, Buffalo. New York: Christian Literature Publishing Co., 1885.

KELSEY, David. *Between Athens and Berlin: The Theological Education Debate*, Grand Rapids: Eerdmans, 1993.

KINNAMON, Michael & COPE, Brian. *The Ecumenical Movement: An Anthology of Key Texts and Voices*, Geneva: WCC, 1997.

KINSLER, R. & CAMPO, I. M. (ed.). *Educacion Teologica en situaciones de sobrevivência, uma consulta latinoamericana, Managua 1991*, an Jose: CMI-SBL, 1991.

KLEIN, Carlos Jeremias. *Curso de História da Igreja*, São Paulo: Fonte Editorial, 2007.

LATOURELLE, René (s.j.). *Théologie Science du Salut*, Paris: Cerf, 1968.

LEE, Sang Hyun. *The Philosophical Theology of Jonathan Edwards*, Princeton, N.Y: Princeton University Press, 1997.

LIBÂNIO, J. Batista & MURAD, Afonso. *Introdução à Teologia*, São Paulo: Loyola, 1998.

LOSSKY, Nicolay and others. *Dictionary of the Ecumenical Movement*, Geneve: WCC, 1991.

LUTHER, Martin. *First Principles of the Reformation or the Ninety-five Theses and the Three Primary Works*, London: John Murray, 1883.

MACKAY, John. *The Other Spanish Christ*. New York: Macmillan, 1932.

_____*El Otro Cristo Español* [1919], 2a. ed., Buenos Aires: Aurora, 1988.

MACQUARRIE, John. *New Directions in Theology Today*, Philadelphia: Westminster Press, 1952.

_____*Principles of Christian Theology*. New York: Charles Scribner's Sons, 1966.

_____*God-Talk: El Análisis del Lenguaje y la Lógica de la Teología*, Salamanca: Sígueme, 1976.

MARASCHIN, Jaci Corréia. *Quem é Jesus Cristo no Brasil*, São Paulo: ASTE, 1974.

_____*Tendências da Teologia no Brasil*, São Paulo: ASTE, 1977.

_____*Sillabus in Teologia Sistemática*, Universidade Metodista de São Paulo.

MASCALL, Eric Lionel. *Christ, the Christian and the Church: A Study of the Incarnation and its Consequences*, London: Longmans, 1963.

MELMAN, Charles. *L'homme sans gravité*, Paris: Donoel, 2002.

MENDONÇA, Antônio Gouvêa. *O Celeste Porvir: A Inserção do Protestantismo no Brasil*, São Paulo: Aste, 1995.

_____Currículo teológico básico. In: ANJOS, M. F., (org.), *Teologia profissão*, São Paulo: Soter/Loyola, 1996, 123-155.

MESTERS, Carlos. *Por trás das Palavras*, Petrópolis: Vozes, 1974.

_____*Flor sem Defesa*, Petrópolis: Vozes, 1983.

METZ, Johann Baptist. *Faith in History and Society: Toward a Fundamental Practical Theology*, New York: Seabury, 1980.

_____*Faith Seeking Understanding*, Grand Rapids: Eerdmans, 2002.

MILLER, Donald E. & YAMAMORI, Tetsunao. *Global Pentecostalism: The New Face of Christian Social Engagement*, Berkeley: University of California Press, 2007.

MOLTMANN, Jürgen. *The Power of the Powerless*, S. Francisco: Harper & Row, 1983.

_____*Jesus Christ for Today's World*, Minneapolis: Fortress Press, 1995.

_____*O Espírito da Vida: por uma Pneumatologia Integral*, São Paulo: Vozes, 1999.

_____*Experiences in Theology*, London: SCM Press, 2000.

_____ *Trindade e Reino de Deus*, São Paulo: Vozes 2002.

_____*A Vinda de Deus: Escatologia Cristã*, São Leopoldo: Unisinos, 2003.

_____*Experiências de Reflexão Teológica: Caminhos e Formas da Teologia Cristã*, São Leopoldo: Unisinos, 2004.

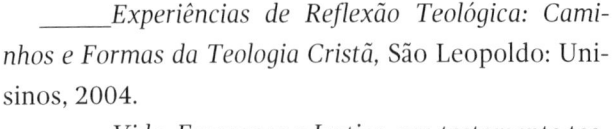

_____*Vida, Esperança e Justiça, um testamento teológico para a América Latina*, São Bernardo do Campo: Eiteo, 2008.

MORENO, Tomas. Algumas Conclusões e Propostas para a Transformação da Cidade de Londrina. In: MUZIO, R. (ed.), *A Revolução Silenciosa: Transformando cidades pela implantação de igrejas saudáveis*. São Paulo: Sepal, 2004, 163-168.

MORIN, Edgar. *Ciência com Consciência*, 2nd ed. Rio de Janeiro: Bertrand Brasil, 1998.

_____*O Método*, v. 6: *Ética*, Porto Alegre: Sulinas, 2005.

MORIN, Edgar & Le MOIGNE, Jean-Louis. *A inteligência da complexidade*, São Paulo: Petrópolis, 2000.

MULLER, R. A. The Study of Theology. In: SILVA, Moisés (ed.), *Foundations of Contemporary Interaction*, Grand Rapids: Zondervan, 1996, 537-666.

NESTOR, Jaén. *Hacia una Espiritualidad de la Liberación*, Santander: Sal Terrae, 1987.

NÚÑEZ, Emilio Antonio. *Teología de la Liberación: Una Perspectiva Evangélica*, Miami: Caribe, 1987.

OGILVIE, Matthew C. *Faith Seeking Understanding: The Functional Speciality 'Systematics' in Bernard Lonergan´s Theology,*. Milwaukee: Marquette University Press, 2001.

OLSON, Roger. *The Story of Christian Theology*, Downers Grove: InterVarsity Press, 1999.

PADILLA, C. René. *Nuevas Alternativas de Educación Teológica,* Buenos Aires: Nueva Creación, 1986.

PARKER, T. H. L. *Calvin: An Introduction to His Thought,* London: Continuum, 1995.

PELIKAN, Jaroslav. *The Christian Tradition: The Development of Doctrine* vol.1: *The Emergence of the Catholic Tradition (100-600),* Chicago: University of Chicago Press, 1971.

PLOU, Dafne. *Together in the Way: Official Report of Eighth Assembly of the World,* Geneva: WCC Publications, 1999.

_____*Juntos en el Camino,* Informe oficial de la Octava Asamblea el Consejo Mundial de Iglesias, Geneva: WCC Publications, 1999.

PREISWERK, Matias, *Educación Popular y Teologia de la Liberación,* San José, Costa Rica: Editorial DEI, 1994.

PROENÇA, Wander de Lara & SOUZA, Raimundo Soares. Formação e Desenvolvimento das Primeiras Igrejas Evangélicas na Cidade de Londrina. In: MUZIO, R. (ed.), *A Revolução Silenciosa: Transformando cidades pela implantação de igrejas saudáveis.* São Paulo: Sepal, 2004, 41-61.

RICHARD, Lucien J. *The Spirituality of John Calvin,* Atlanta: *John* Knox Press, 1974.

RITO, Frei Honório. *Introdução à Teologia,* Petrópolis: Vozes, 1998.

SANDER, Luis Marcos. *Jesus, o Libertador: a cristologia da libertação de Leonardo Boff.* São Leopoldo: Sinodal, 1986.

SATHLER-ROSA, Ronaldo. *Cuidado Pastoral em Tempos de Insegurança,* São Paulo: Aste, 2010.

SCHILLEBEECKX, Edward. *Mensen als verhaal van God,* Baarn: Nelissen, 1989.

SCHIPANI, Daniel S. *Teologia del Ministério Educativo: perspectivas latinoamericanas,* Buenos Aires: Nueva Creación, 1993.

_____ *El reino de Dios y el ministério educativo de la iglesia: Fundamentos y princípios de educación Cristiana,* Costa Rica: Editorial Caribe, 1983.

_____ *O caminho da sabedoria no Aconselhamento Pastoral (translation of The Way of Wisdom in Pastoral Counseling,* IMS: Elkhart, Indiana, 2003*),* São Leopoldo: Sinodal, 2013.

SCHREITER, Robert J. *Constructing Local Theologies,* London: SCM, 1985.

SCHÜSSLER FIORENZA, Elisabeth. *Jesus: Miriam's Child, Sophia's Prophet: Critical Issues in Feminist Christology,* New York: Continuum Publishing Co., 1994.

_____*Wisdom Ways: Introducing Feminist Biblical Interpretation,* Maryknoll (New York): Orbis Books, 2001.

SCHWARZ, Lilia M. (org.), *História da vida privada no Brasil 4: contrastes da intimidade contemporânea,* São Paulo: Companhia de Letras, 1998.

SCOTT, Robert Balgarnie Young. *The Way of Wisdom in the Old Testament,* New York: Macmillan, 1971.

SOBRINO, Jon. *Christology at the Crossroads: A Latin American Approach*, London: SCM Press, 1978.

SPROUL, Robert Charles. *Verdades Essenciais da Fé Cristã*, São Paulo: Cultura Cristã, 2000.

STACKHOUSE, Max L. and others. *Apologia, Contextualization, Globalization, and Mission in Theological Education*, Grand Rapids: Eerdmans, 1988.

STROMQUIST, Nelly P. *Education in a Globalized World*, Lanham, Md.: Rowman & Littlefield Publishers, 2002.

STRONG, Augustus Hopkins. *Teologia Sistemática*, São Paulo: Hagnos, 2003.

SUNG, Jung Mo. Cinismo e solidariedade na globalização. In: *Espaços* 8(1): 2000: 37-47.

TEIXEIRA, Alfredo Borges. *Dogmática Evangélica*, São Paulo: Pendão Real, 1958.

TERTULLIAN. *On the Praescription of Heretics*, translated by Peter Holmes. Ante-Nicene Fathers, vol. 3. Edited by Alexander Roberts, James Donaldson, and A. Cleveland Coxe, Buffado, NY: Christian Literature Publishing Co., 1885.

_____*Against Marcion*, translated by Peter Holmes. From Ante-Nicene Fathers, Vol. 3. Edited by Alexander Roberts, James Donaldson, and A. Cleveland Coxe. Buffalo, NY: Christian   Literature Publishing Co., 1885.

_____*An Answer to the Jews*, translated by S. Thelwall. Ante-Nicene Fathers, Vol. 3. Edited by Alexander Roberts, James Donaldson, and A. Cleveland

Coxe. Buffalo, NY: Christian Literature Publishing Co., 1885.

_____*On the Testimony of the Soul and on the 'Prescription' of Heretics,* Translated into English by T. Herbert Bindley. London: SPCK, 1914.

THIELICKE, Helmut. *A Little Exercise for Young Theologians,* Grand Rapids: Eerdmans, 1999.

TILLICH, Paul. *Systematic Theology,* vol. I, Chicago: University of Chicago Press, 1951.

_____*Teologia Sistemática,* vol. I, II, III, São Paulo: Sinodal Paulinas, 1984.

TOMBS, David. Latin American Liberation Theology: Moment, Movement, Legacy. In: Patrick Claffey and Joe Egan (eds.), *Movement or Monument? Assessing Liberation Theology Forty Years after Medellin,* Studies in Society, Theology and Culture, vol. 1. Bern: International Academic Publishers, 2009, 29-54.

TRACY, David. *The Analogical Imagination: Christian Theology and the Culture of Pluralism,* New York : Crossroad, 1981.

TREIER, Daniel. Wisdom. In: VANHOOZER, Kevin J. (ed.), *Dictionary for theological interpretation of the Bible,* Grand Rapids: Baker, 2005, 844-847.

_____*Virtue and the Voice of God: Toward Theology as Wisdom,* Grand Rapids: Eerdmans,
    2006.

VAN BUREN, Paul. *The Secular Meaning of the Gospel,* New York: Macmillan, 1963.

VAN DE BEEK, Abraham. *Jesus Kyrios: Christology as Heart of Theology,* Zoetermeer: Meinema, 2002.

VAN DER BENT, Ans J. *Historical Dictionary of Ecumenical Christianity,* London: The Scarecrow Press, 1994

_____*Commitment to God's World: A Concise Critical Survey of Ecumenical Social Thought,* Geneva: WCC, 1995.

VANHOOZER, Kevin, and others. *Dictionary for Theological Interpretation of the Bible,* Grand Rapids: Baker Booker House Company, 2005.

VAN LEEUWEN, Raymond C. Wisdom Literature. In: VANHOOZER, Kevin J. (ed.), *Dictionary for theological interpretation of the Bible,* Grand Rapids: Baker, 2005, 847-850.

VILANOVA, E. Teologia. In: SAMANES, C. F. & ACOSTA, J. T. (eds.), *Dicionário de Conceitos Fundamentais do Cristianismo,* São Paulo: Paulus, 1999, 793-798.

VISSER 't HOOFT, Willem Adolf. *Memoirs,* London: SCM Press, 1973.

_____*The Gospel for all Realms of Life,* Geneva: WCC, 1975.

VON BALTHASAR, Hans Urs. *Meditaciones sobre El Credo Apostólico,* Salamanca: Sigueme, 1997.

VON RAD, Gerhard. *Weisheit in Israel,* Neukirchen-Vluyn: Neukirchener Verlag, 1970.

_____*Wisdom in Israel.* London: SMC Press, 1972.

WALDENFELS, Hans. *Teologia Fundamental Contextual,* Salamanca: Sígueme, 1994.

WHITEHEAD, Alfred North. *The Aims of Education and Other Essays,* New York: Free Press, 1967.

YOUNG, F. The critic and the visionary. In: *Scottish Journal of Theology*, Volume 41(3), 1988, 297-312.

ZALUAR, Alns. Para não dizer que não falei de samba: Os enigmas da violência no Brasil. In: NOVAIS, Fernando A. (coord.); SCHWARZ, Lilia Moritz (org.), *História da vida privada no Brasil 4: Contrastes da Intimidade Contemporânea*. São Paulo: Companhia de Letras, v. 4, 1998, 245-318.

Referências de Jornais e Periódicos

DE WIT, Hans. Muerte cotidiana y creación teológica en Chile. In: *Vida y Pensamiento*, Seminario Biblico Latinoamericano, San José, Costa Rica, vol. 8, n. 2, 1988, 117-124

DIAS, Kleber Barbosa. *Justiça e Arete* como horizonte ético no pensamento de Aristóteles: *Revista Jurídica da UniFil*, Ano VI númeor 6, Londrina, 2009, 44-58.

KINSLER, F. R. Kairós en la educación teológica: Un cambio de perspectiva desde abajo. In: *Vida y Pensamiento*.Seminario Biblico Latinoamericano, San José, Costa Rica, vol. 8, n. 2, 1988, 16-28.

TREIER, Daniel J. Theology as the Acquisition of Wisdom: Reorienting Theological Education. In: *Christian Education Journal* (Spring 1999), 127-139.

Referências de Internet

AUGUSTINE. City of God. http://www.logoslibrary.org/augustine/city/0801.html, accessed 10 December, 2008.

_____On the Trinity. http://www.logoslibrary.org/augustine/trinity/index.html, accessed 28 September, 2013.

_____On Christian Doctrine. http://www.logoslibrary.org/augustine/doctrine/index.html, accessed 28 September, 2013.

BENEDICT XVI, Spe Salvi. http://www.vatican.va/holy_father/benedict_xvi/encyclicals/documents/hf_ben-xvi_enc_20071130_spe-salvi_en.html, accessed on March 21, 2013.

Gaudium et Spes. http://www.vatican.va/archive/hist_councils/ii_vatican_council/documents/vat-ii_cons_19651207_gaudium-et-spes_en.html, accessed 10 December 2009.

Sobre o Autor

Silas Barbosa Dias, mora em Londrina, Paraná. É doutor em Teologia Sistemática pela Free University Amsterdam. Mestre em Estudos Ecumênicos pela Universidade de Genebra. Mestre em Teologia Reformada pela Free University Amsterdam. Especialista em Psicoterapia e Psicanálise. Graduado em Filosofia e Teologia. Vem ensinando desde 1984 em várias instituições, Teologia, Filosofia e Ética. Atua como Psicoterapeuta clínico por mais de 30 anos. Autor dos seguintes livros: *Theology as Wisdom; Eu creio num Deus que sabe Dançar; 4 Passos para a Mudança Interior*.